KB073483

시골 빈집에서
행복을 찾다

시골 빈집에서
행복을 찾다

내가 도쿄를 떠나 시골 마을로 이사한 이유

이케다 하야토 지음

김정환 옮김

라이팅하우스

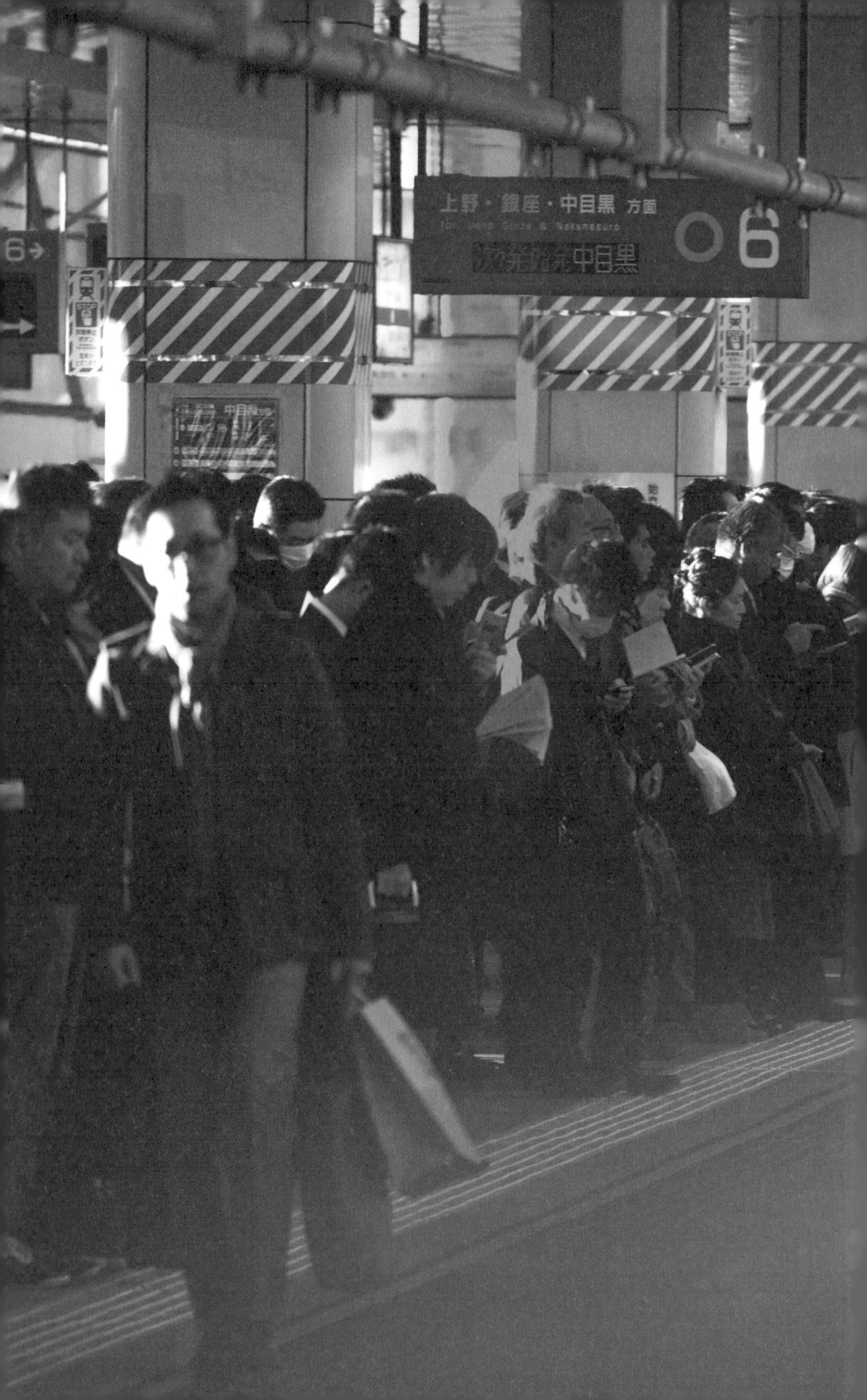
上野・銀座・中目黒 方面
6
中目黒

당신은 '자신의 인생'을 살고 있는가?
도쿄의 주거 환경, 노동 환경은 날이 갈수록 악화되고 있다.
나는 이해할 수 없는 시스템을 위해 살다가 죽고 싶지는 않았기 때문에
도쿄를 탈출했다.

내가 도쿄를 떠나
시골 마을로 이사한 이유

한국의 독자 여러분, 처음 뵙겠습니다. 이케다 하야토라고 합니다.

저는 일본의 산속에서 살면서 블로그로 생계를 꾸려 나가고 있는 '프로 블로거'입니다. 〈아직도 도쿄에서 인생을 소모하고 있습니까?〉라는 블로그를 운영하고 있는데, 매달 100만 명 정도의 독자가 제 블로그를 찾아옵니다.

지금의 도쿄는 참으로 가혹한 상황에 처해 있습니다. 급여는 적은데 집세는 비쌉니다. 장시간의 노동과 상사의 괴롭힘에 한창 신나게 일해야 할 시기의 사람들이 우울증에 걸리고, 심지어 '과로사'하는 경우도 있습니다. 도로와 지하철뿐만 아니라 어린이집도 포화 상태입니다. 아이를 맡길 수가 없으니 아이를 낳고 싶어도 낳지 못합니다. 저임금의 젊은이들, 의지할 이를 잃은 고령자들은 길거리로 내몰려 맥도날드나 인터넷 카페를 전전하고 있습니다.
어려운 사람들에게 도움의 손길을 내밀 여유도 점점 사라지고 있
습니다.

　이것은 절대 과장이 아닙니다. 바로 지금, 도쿄가 처한 상황입
니다. 이른바 '대도시 병'인데, 서울도 상황은 크게 다르지 않다고
들었습니다.

　도시가 안고 있는 문제들에 관해서는 다양한 해결 방법이 궁리
되고 있습니다만, 이 책에서 제시하고자 하는 것은 '시골 이주'입
니다. 대도시인 도쿄에 염증을 느낀 저는 아내와 딸을 데리고 인구
150명 정도의 산촌으로 보금자리를 옮겨 여유롭게 생활하고 있
습니다. 그리고 중요한 사실이기에 강조합니다만, 돈도 많이 벌고
있습니다. 2016년에는 블로그를 중심으로 한 집필·광고 비즈니
스를 통해 3,500만 엔 정도를 벌어들일 듯합니다.

　제 이야기가 자기 자랑으로 들려서 불쾌하셨다면 죄송합니다.
하지만 이것만큼은 힘주어 말하고 싶습니다. 지금 우리는 정말 멋
진 시대를 살고 있습니다. 대도시에서 인생을 소모하지 않으면서
도 인터넷을 이용해 인간적인 환경에서 비즈니스를 할 수가 있으
니까요!

도쿄와 같은 대도시는 다른 지역의 인구와 경제를 빨아들이며 성장해 왔습니다. 그 결과 지방에는 고령자와 빈집만이 남았습니다. 언뜻 절망적인 상황으로 보이겠지만, 저는 그렇게 생각하지 않습니다. 선진국의 산촌은 돌고 돌아서 '산촌자본주의의 선구자'가 되어 가고 있습니다. 시골에서는 인간적으로, 그리고 창의력을 발휘하며 살 수 있습니다. 게다가 세상을 바꿔 버릴 이노베이션도 창출할 수 있습니다. 일본에서도 이 사실을 깨달은 사람들이 행동에 나서서 수많은 사례를 만들어 내고 있습니다.

일본뿐만 아니라 한국에서도 다음 시대를 디자인할 훌륭한 토양이 확산되고 있습니다. 여러분도 시골에 정착해 저와 함께 새로운 시대를 만들어 나가지 않겠습니까? 그곳에는 상상도 못했던 신세계가 펼쳐져 있습니다.

2016년 11월

산속의 집에서

이케다 하야토

프롤로그
나는 도쿄를 버렸다

내 이름은 이케다 하야토.

나는 블로그만으로 먹고살고 있다. 일명 '프리랜서 블로거'다.

현재 고치 현의 한계마을(인구 감소와 고령화로 더 이상 경제 활동이 지속될 수 없어 소멸을 향해 가는 마을. 일본에서는 심각한 사회 문제로 대두되고 있다.-옮긴이)에 살고 있다. 가나가와 현 요코하마 시에서 태어나 도쿄에서 5년 정도 일하다, 2014년에 아내와 딸과 함께 아무런 연고도 없는 고치 현으로 이주했다.

나는 〈아직도 도쿄에서 인생을 소모하고 있습니까?〉라는 블로그를 운영하고 있다. 제목이 다소 자극적으로 느껴지겠지만, 나처럼 도쿄를 떠나 보면 도쿄에서 사는 것이 얼마나 바보 같은 짓인지 확실히 알 수 있기에 이렇게 단언한 것이다. 여러분은 도쿄에서 소중한 인생을 소모하고 있지 않은가?

나는 도쿄 생활에 염증을 느껴 '탈脫도쿄'를 실행했다. 그리고 지금은 깡촌이라고 해도 과언이 아닌 곳에 살고 있다. 그런데 이 곳에서의 삶이 매일매일 새롭고 즐거워서 '왜 진작 이주하지 않았을까' 하고 후회할 정도다.

최근 일본에서는 '시골 이주'가 화제인데, 도쿄에서 지방으로 이주하는 것은 개인의 인생 변화라는 관점에서 봤을 때 매우 합리적인 선택이다. 나는 이 책에서 최선을 다해 시골 이주의 긍정적인 측면을 이야기하려 한다. 그런데 이런 이야기를 하면 반드시 듣게 되는 소리가 있다.

"하지만 시골에는 일자리가 없잖아?"

"하지만 시골은 폐쇄적이라 현지인들에게 배척당할 거라고. 오래 버티지 못하고 돌아올 거야."

"하지만 커뮤니케이션 능력이 없으면 이주는 불가능해."

"하지만 시골에는 재미있는 일도, 사람도 없어."

"하지만 시골은 교육 환경이 나빠서 아이를 키우는 데 적합하지 않아."

이것은 그야말로 망언이다. 어처구니가 없을 만큼 틀린 말이다. 이 말을 하는 사람들은 도대체 몇 년 전의 과거에 살고 있는지 모르겠다. 지금은 시대가 달라졌다. 우리가 살고 있는 시대는 무엇이든 급변하는 21세기다. 시대만큼 시골도 달라졌다. 구체적으로 무엇이 달라졌는지는 본문에서 자세히 이야기하겠다. 이렇게 낡은 상식에 얽매여 있던 사람도 이 책을 읽고 나면 시골을 부정적인 관점에서 바라보던 시야가 환하게 트이는 경험을 하게 될 것이다. 기대하기 바란다.

　현재 도쿄에서 살기 위해 넘어야 하는 장벽은 점점 높아지고 있으며, 앞으로 그 높이는 더더욱 올라만 갈 것이다. 도쿄를 비롯한 런던, 뉴욕, 파리, 서울 등의 메가시티megacity는 젊은이, 노인, 장애인, 육아 세대, 소수 집단 들에게 지금 이상으로 친절하지 않은 도시가 될 것이다.

　우리 부부는 아이를 두세 명은 키우고 싶었기 때문에 그 시점에서 도쿄는 더 이상 '머물 수 없는' 선택지가 되었다. 도쿄에서 아이 셋을 키우려면 얼마나 고생을 해야 할지 감도 잡히지 않았다. 주거비, 보육비, 교통비 등을 충당하고자 오직 돈만을 위해 일하는 기계가 되지 않고는 육아를 감당할 수 없을 것 같았다. 하지만 인생은 원래 자유롭고 창조적인 것이다. 돈을 벌기 위해 불합리한 환경을 감내하며 스스로의 인생을 죽일 필요는 없다.

　그저 도쿄를 버리고 다른 지방에서 살아 보는 것만으로도 생활이 극적으로 달라진다. 아이를 키우기가 편해지고, 생활에 들어가는 비용이 획기적으로 줄어드는 반면에 수입은 더 많아지며, 풍요로운 인간관계 속에서 창조적으로 살 수 있게 된다. 이것은 꿈같은 이야기가 아니라 내가 실제로 경험했고 또 경험하고 있는 현실이다. 왜 진즉 도쿄를 떠나지 않았는지 후회가 될 정도다.

이 책은 아마도 일본에서 유일하게 '지극히 구체적이고 긍정적인 시각으로 시골 이주 방법을 정리한 책'일 것이다. 새로운 환경에 뛰어들었을 때 여러분은 어려움 없이 자신을 변화시킬 수 있다. 시골 이주는 비유컨대 회사원의 '이직' 같은 것이다.

요즘 일본 전역에서 '지방 창생地方創生'이라는 순풍이 불고 있다. 지방에서 새로운 삶을 꿈꾸는 이들이라면 지금이 이주라는 돛을 올릴 때다. 이제 슬슬 당신의 인생을 소모시키는 도쿄를 떠나 지방에서 창조적으로 살 때가 된 것이다. 매일매일을 두근거림 속에서 사는 것이 결국 '잘 사는' 것이다.

그러면 지금부터 그 이야기를 시작하겠다.

목차

제4부 없는 것투성이기에 더더욱 기회의 땅인 지방 ——— 143
- 이케다 하야토식 비즈니스 소개

나의 시골 빈집 이주기 〈4〉 144

제1부 도쿄는 이제
희망이 없다

어느 날 나는 35년 장기 대출로 장만한 작은 아파트에 짓눌려 자유를 잃고 살아가고 있는 도쿄 사람들의 모습을 적나라하게 보았다. 나는 아파트 한 채에 젊음을 저당 잡힌 채 인생의 황금기를 보내고 싶지 않았다. 도쿄는 이제 희망이 없다.

몇 단계의 탈주 계획을 실천해서 나는 결국 시골 빈집으로 이주했다. 그리고 그곳에서 마침내 행복을 찾았다. 이 지면을 통해 최대한 간단하게 시골 빈집 이주기를 소개하겠다.

도쿄는 왜
희망이 없는가?

많은 일본인이 아직도 '도쿄라는 신앙'을 버리지 못하고 있는 것은 참으로 이해 못할 일이다. 이미 도쿄는 따분한 도시가 되어 버렸고, 무엇보다도 생활과 일의 측면에서 얻는 것보다 손해될 일이 너무 많은데 말이다. 이제 그만 도쿄에 대한 믿음과 신앙을 버리고 현실을 직시하자. 그리고 21세기인 이 시대에 어디가 주거지로서 진정으로 합리적인 선택지인지 곰곰이 생각해 보자.

이제부터 내가 실제로 도쿄에서 고치 현의 시골 빈집으로 이주한 뒤에 느낀 도쿄의 단점을 자세히 이야기하려 한다.

여러분은 왜 아직도 도쿄에서 인생을 소모하고 있는가?

도쿄에서 계속 산다면 점점 더 가난해질 수밖에 없다

'지방에는 일자리가 없어. 하지만 도쿄에 가면 좋은 일자리가 많다고.'

'시골에 있는 한 평생을 보내도 생활이 나아지지 않을 거야. 그러니 도쿄로 가야 해.'

아직도 많은 사람이 이런 환상을 품고 있다. 실제로 도쿄 도에는 1,300만 명이 넘는 사람이 살고 있으며, 저출산 고령화 시대를 맞이한 지금도 끊임없이 사람들이 모여들고 있다. 국내외 관광객도 계속 증가하고 있어서, 도쿄의 주요 장소는 중국과 타이완, 한국을 비롯한 외국인 관광객들로 늘 북적댄다. 아파트와 빌딩의 건설 열풍도 식을 줄 모른다. 여기에 2020년 도쿄 올림픽이 다가옴에 따라 앞으로 집값 거품도 한껏 부풀어 오를 것이다. 이런 도쿄에서 살기만 하면 돈을 벌 수 있는 일자리를 찾아내서 시골에서보다 윤택하게 살 수 있지 않을까?

아니, 단언컨대 빈곤한 생활을 하게 된다. 분명히 도쿄의 시급과 일당은 지방 도시보다 높다. 건축 일용직이나 편의점 아르바이트를 해도 지방보다는 많은 보수를 받을 수 있다. 이것은 사실이다. 회사원의 급여나 보너스도 언뜻 보면 도쿄의 기업이 더 넉넉하게 주는 것처럼 보인다. 그러나 수입만이 아니라 종합적인 측면에서 생각해 보면 도쿄에서의 생활이 더 빈곤할 수밖에 없음을 명확히 알 수 있다.

우선, 고도 경제 성장기와는 달리 아무리 소처럼 일해도 소득이 증가하지 않는다. 이제는 아무리 일하고 또 일해도 연수입이 늘어나지 않는 시대다. 여기에 무엇보다 심각한 문제는 '주택 가격'이다. 기껏 돈을 벌어도 대부분이 '도쿄에서 계속 살기 위한 경비'로 빠져나간다. 사실 현재 도쿄의 집세 수준은 1980년대 중후반의 버블 경제기 때와 그리 차이가 없다. 게다가 고용이 불안정해지고 소득도 감소함에 따라 생활비에서 집세가 차지하는 비율은 꾸준히 상승하고 있다. 집세가 저렴한 공영 주택은 입주하기가 하늘의 별 따기여서, 지역에 따라서는 경쟁률이 수백 대 일이나 된다. 생활이 어려워도 운이 없으면 평생 입주하지 못한다. 실제로 젊은 세대가 공영 주택에 입주한 예는 극히 드물다.

이러한 상황 속에서 나온 것이 '탈법 하우스(집을 개조해서 작은 방을 여러 개 만들어 임대하는 셰어 하우스 — 옮긴이)'를 비롯한 열악한 환경의 주택이다. 또한 이것은 젊은 세대만의 이야기가 아니다. 생활 보호 대상자인 고령자들도 열악한 무료·저가 숙박소로 쫓겨나고 있다(2015년에 아홉 명의 목숨을 앗아간 가와사키 시 간이 숙박소 화재 사건은 지금도 기억 속에 생생하게 남아 있다). 하다못해 저소득자나 육아 세대는 집세를 감면해 주는 식의 정책적인 지원이 있다면 좋겠지만, 그런 이야기는 거의 들리지 않는다. 도쿄에서 주거지의 확보는 여전히 '자기 책임'인 것이다.

사람이 밀집해서 살면 그만큼 토지의 가격이 오르고 주거 환경도 악화된다. 도쿄의 토지가 어느 날 갑자기 늘어날 리도 없으니 앞으로도 집세는 지금의 수준에서 내려오지 않을 것이다. 그 결과 취약 계층이나 중산층은 점점 살기 어려워질 것이며, 낮은 소득과 높은 부담이라는 상황에서 벗어나지 못할 것이다. 한편 어느 정도 돈이 있는 경우라면 '비싼 집세를 계속 내느니 차라리 35년 상환으로 대출을 받아서 집을 사자'라고 결심해 자신의 인생을 주택 구입이라는 굴레에 스스로 속박해 버릴지도 모른다.

도쿄의 주택 사정은 내가 볼 때 개미지옥과도 같은 상황이다. 가난한 사람은 차례차례 밑으로 떨어지고, 풍족한 사람도 떨어지지 않으려고 죽을힘을 다해 매달린다. 주거와 관련해 이만큼 진입 장벽이 높으면서도 사회적 의식이 낮은 곳은 전 세계를 뒤져 봐도 그리 많지 않을 것이다. 게다가 그 장벽은 지금 이 순간에도 점점 높아지고 있다.

지방으로 떠나면 주택 가격의 문제는 대폭적으로 완화된다. 이것은 2015년 현재 도쿄에서 지방으로 이주할 때의 가장 큰 장점으로 꼽을 수 있다. 얼마나 저렴해지는가 하면, 내가 지금 살고 있는 집은 지은 지 3년 된 단독주택에 마당과 밭, 주차장이 딸려 있는데도 집세가 한 달에 3만 엔이다. 도쿄에서는 도저히 있을 수 없는 가격이다. 게다가 이웃집과도 거리가 있어서 아이들이 신나게 뛰놀아도 문제가 없다.

참고로 신축 주택의 가격도 도쿄와는 비교할 수 없을 만큼 저렴해서, 지역 주민의 말로는 "1,000만 엔이면 차고 넘친다"고 한다. 조금만 노력하면 일시불로도 살 수 있는 수준이다. 평생 아르바이트만으로 생계를 꾸리는 프리터freeter라도 살 수 있을 것이다.

어쨌든, 내가 도쿄에서 살기를 포기한 가장 큰 이유는 높은 주택 가격과 열악한 주거 환경 때문이다.

왜 아직도 도쿄의 토끼장 같은 집에 살면서 비싼 집세를 내기 위해 매일 야근하고 있는가?

도쿄에 살면 이동 시간이라는 인생의 낭비로부터 벗어날 수 없다

주거 환경에 이어 이야기할 것은 '출퇴근'이라는 악습이다. 도쿄 근교에서 살면 편도 한 시간 이상 걸려서 출퇴근하는 생활을 하게 되는 경우가 적지 않다. 이 책을 읽고 있는 독자 여러분 중에도 출퇴근에 매일 두 시간 이상을 소모하는 사람이 있을 것이다. 왜 그렇게 인생을 낭비하고 있는가? 만약 오늘 죽는다면 그동안 출퇴근을 하느라 낭비한 시간이 정말 후회될 것 같지 않은가?

내가 도쿄를 떠난 이유는 이동에 시간을 낭비하는 것이 싫어졌기 때문이다. 매일매일 해야 할 일에는 집중하지 못하고 이동만 해야 하는 현실이 너무 싫었다. 이동 시간이 곧 낭비라는 사실을 깨닫지 못하는 사람은 결코 일을 잘할 수 없다는 것이 내 지론이다(블로그에서 이렇게 썼다가 논쟁이 벌어졌지만, 내 결론은 바뀌지 않았다). 출퇴근을 하느라 매일 두 시간이 넘는 시간을 길바닥에 버리고 에너지를 허비하는 이상 그 사람의 성장 속도는 더딜 수밖에 없으며, 업무 성과도 개선되지 않는다. 그러니 연봉도 당연히 오를 리 없다.

사실 이렇게 말하는 나도 도쿄에서 근무하던 시절을 되돌아보면 상당한 시간을 이동에 허비했다. 지금도 진심으로 반성하고 있다. 내가 마케팅 컨설턴트였던 시절의 하루는 대개 이런 식이었다.

- 출근(니혼바시에서 시부야까지 편도 40분)
- 클라이언트의 사무실로 이동(편도 30~45분)
- 시부야의 사무실로 돌아옴(30~45분)
- 퇴근(40분)

이렇게 보면 이동에만 하루에 두 시간 이상을 사용했다는 사실에 경악하게 된다. 미팅이 많은 날은 세 시간 이상 이동하는 일도 드물지 않았다. 신칸센을 이용하는 날은 이동에만 다섯 시간 이상이 걸리기도 했다.

그러나 회사원 생활을 그만두고 고치 현으로 이주한 뒤로는 '재택 업무'가 중심이 되었다. 어찌 보면 당연한 결과겠지만, 회사를 그만두고 집에서 일을 하기 시작하자 업무 효율이 눈에 띄게 개선되었다. 아주 단순하게 생각해도 '컴퓨터 앞에 앉아서 작업할 수 있는 시간이 하루에 두 시간 이상 늘어난' 것이다. 게다가 쓸데없는 사내 미팅도 줄었고, 콩나물시루 같은 지하철에서 에너지를 낭비할 일도 없어졌다. 업무 효율이 오르지 않을 수 없는 것이다.

매일 출퇴근에 두 시간을 소비하는 사람이 연간 250일을 일한다고 가정하면 대략 500시간을 출퇴근에 사용한다는 계산이 나온다. 내 경우, 500시간만 있으면 블로그에 글을 2,000개는 쓸 수 있다. 그리고 블로그에 글을 2,000개 쓰면 1,000만 엔 정도를 벌어들일 수 있다. 여러분이 출퇴근에 시간과 에너지를 소비하는 동안 나는 꾸준히 일을 해서 여러분의 연봉보다 많은 돈을 벌어들이고 있는 것이다. 이것은 당연한 일이다. 집중할 수 있는 시간이 500시간이나 있으면 누구나 어렵지 않게 돈을 벌 수 있다. 그리고 나는 여러분보다 일찍 일을 마친다. 최근에는 오후 다섯 시 전에 컴퓨터를 끈다. 출퇴근을 안 하니 가족과 보내는 시간도 늘어났다.

이런 말을 하면 "나는 지하철 안에서 독서를 하는 등 시간을 효과적으로 활용하고 있다고! 시간 낭비가 아니야!"라는 반론이 돌아오는데, 그건 착각이다. 이번에도 당연한 말이지만, 집에서 독서를 하는 편이 훨씬 효율적이다. 메모도 하기 쉽고 조사할 것이 있으면 검색도 수월하며 다른 책도 참조하기 편하다. 책을 읽다가 의도치 않게 그만둬야 할 일도 없으며, 졸리면 낮잠도 잘 수 있다. '이동하면서'라는 조건 속에서는 온갖 작업의 효율이 떨어진다. 먼저 이 사실은 인정하자. 여러분이 땀 냄새 나는 지하철 안에서 열심히 책을 읽고 있는 시간에 나는 아무도 없는 조용한 방에서 느긋하게 청주를 마시면서 책을 읽는다.

내가 도쿄를 떠난 이유는 이동에 걸리는 시간과 에너지를 다른 곳에 쓰고 싶었기 때문이었다. 도쿄에 사는 여러분은 지금 이동에 얼마나 인생을 소비하고 있는지 다시 한번 점검해 보기 바란다. 그래서 환멸이 느껴진다면 바로 그 점이 당신이 도쿄를 떠나야 할 이유가 되어 줄 것이다.

도쿄에서 계속 살기 위해 35년짜리 대출을 짊어지다

이동 시간으로 인해 얼마나 인생을 낭비하는지 깨달은 현명한 사람들은 '직장 근처로 이사하자'고 생각한다. 이것은 참으로 현명한 판단이다. 그러나 앞에서 이야기했듯이 도쿄는 주택 환경이

열악한 곳이다. 직장과 가까운 도심부에서 가족 서너 명이 지내기
에 충분한 주거 공간을 확보하기란 매우 어렵다. 도심부에 위치하
면서 방 두세 개에 거실과 주방이 딸린 임대 아파트나 임대 단독
주택 등에 살려면 적어도 한 달에 15만 엔 정도는 줘야 한다. 1년
에 200만 엔에 가까운 돈이 집세로 사라져 버리는 것이다. 참으로
한심한 노릇이다.

　이렇게 말하면 "도쿄 도심부라도 35년 대출을 끼고 집을 사면
한 달에 10만 엔에서 12만 엔 정도로 지출을 줄일 수 있는데"라는
주장이 나온다. 그러나 이것은 완전히 본말전도의 발상이다. 고작
집 한 채를 위해서 35년이라는 긴 세월 동안 빚을 갚아 나가겠다
는 것인가? 35년 후면 2050년이다. 여러분은 35년 동안 지금처럼
계속 돈을 벌 수 있으리라고 확신하는가? 게다가 도중에 집을 판
다고 해도 가치가 떨어지기 때문에 제값을 받지 못한다. 남의 일
이기는 하지만 정말 걱정스럽다.

　아무런 의심 없이 회사원 생활을 계속하고 있는 성실한 사람일
수록 대출, 즉 빚에 인생을 속박당하기 쉽다. 오랜 기간 '갚아야 할
돈이 있다'는 압박감 속에서 자신을 몰아붙이며 죽어라 일한다.
그러나 내 집을 갖게 되었다는 안도감을 얻기 위해 자신의 자유를
잃고 있음을 깨닫지 못한다.

나는 폐해가 너무 많은 35년 상환 대출을 법으로 규제할 시기가 왔다고 생각한다. 도박을 일정 수준 규제하는 일본 정부가 왜 '35년 상환 대출'이라는 자신의 남은 인생을 거는 황당무계한 도박을 방치하고 있는지 이해하기 어렵다.

집 구입에 있어서도 각자의 분수에 맞는 소비를 하자. 도쿄는 '무리를 하지 않으면 살 집을 확보할 수 없는' 곳이 된 시점에 이미 살 만한 곳에서 멀리 벗어난 지역이 되었다.

도쿄는 커뮤니케이션을 위한 커뮤니케이션이 너무 많다

업무의 측면에서도 도쿄는 비효율적이다. 그런 의미에서 나는 도쿄에서 계속 일하면 '일을 못하는 사람'이 되어 간다고 생각한다. 거대 도시 도쿄는 이제 하나의 국가 같은 곳이다. 무엇을 하든 '커뮤니케이션'을 위해서 방대한 노력이 요구된다. 평론가인 우노 쓰네히로宇野常寬 씨는 "도쿄는 커뮤니케이션을 위한 커뮤니케이션이 너무 많다"라고 말했다. 나는 이 말에 크게 공감한다. 주지의 사실이지만, 도쿄에서는 누군가와 일을 진행하든 먼저 '상사의 도장'이 필요하다. 상사의 승인을 얻으면 다음에는 그 상사의 상사의 도장이 요구된다. 그다음에는 상사의 상사의 상사의 도장이 필요하며, 이런 식으로 가다가 마지막에는 '임원회'의 승인을 받아야 할 때도 있다.

"이런 기획 어떨까요?", "좋은데요?"라고 담당자끼리 화기애애하게 의견을 주고받다가 결국 마지막에는 "일단 상사의 승인을 받아야……"라는 식으로 '커뮤니케이션을 위한 커뮤니케이션'을 요구받는다. 그러는 사이에 열의도 점점 식어 가고, 상사의 도장을 받을 때마다 기획의 참신성도 약해져 간다. 참으로 진절머리가 나는 도쿄의 메커니즘이다.

본래 필요한 것은 최고 결정권자의 결재뿐이다. 그러나 도쿄에서는 관습적으로 조직의 계단을 한 계단씩 올라가야 한다. 그리고 각각의 상사에게 결재를 받을 때마다 '설명을 위해' 자료를 만들고 회의를 열어야 한다. 이러니 일을 잘할 수 있게 될 리가 없다.

나아지는 것은 '조정' 솜씨뿐이다.

이 또한 도쿄에 '사람이 너무 많기' 때문에 일어나는 일이다. 커뮤니케이션을 하고 싶은 상대가 있어도 그 사이에 무수히 많은 사람이 끼어 있기 때문에 이야기가 조금도 진전되지 못하는 것이다.

'사전 미팅'이라는 도쿄의 의식

그런 까닭에 도쿄에서 대형 프로젝트를 진행하려면 수많은 미팅을 하면서 합의를 거듭해야 한다. '높으신 분'이 참석하는 '본격적인 미팅'에 도달하기까지는 참으로 험난한 여정을 거쳐야 한다. 그리고 이때 듣게 되는 최악의 말이 '사전 협의'다. "일단 '사전 미팅'을 한 번 하죠"라니, 이 무슨 끔찍한 소리인지! 도쿄에서는 이 '미팅을 위한 미팅'이라는 기괴한 상황이 지극히 일반적으로 일어난다. 이 책을 읽는 여러분도 오늘 '미팅을 위한 미팅'을 했을지 모른다.

어떨 때는 '미팅을 위한 미팅을 위한 미팅'이라는 말장난 같은 상황에 빠지기도 한다. 농담처럼 들리겠지만, 대기업 시대에는 정말로 있었다. 이 고생을 하면서 회사에 다니는 여러분에게 경의를 표한다. 게다가 '진짜 미팅'에 등장한 최종 보스가 지금까지 진행된 '사전 미팅'의 내용에 불만을 드러내며 완전히 뒤엎어 버리는 경우도 있으니 정말 미칠 노릇이다. 이게 무슨 개그 만화에 등장하는 이야기도 아니고……

이 또한 사람이 너무 많기 때문에 생기는 일이다. 의미 없는 회의에 참가하고 있는 것만으로도, 높으신 분에게 설명을 하는 것만으로도 자신이 뭔가 일을 하고 있다는 기분이 든다. 실제로 한 일은 아무 것도 없는데 말이다. 시스템이 이러니 수익이 오를 리가 없다.

미팅은 공짜가 아니다. 교통비, 인건비, 회의실 유지 관리비, 공조비, 음료 가격 등등 잠깐만 계산해 봐도 얼굴이 창백해질 만큼의 비용이 산출될 것이다. 도쿄 사람들은 쓸데없는 미팅을 위해 매일 자신들이 소비하고 있는 비용을 계산해 봐야 한다.

당연한 말이지만, 고치 현으로 이주한 뒤로 나는 '미팅을 위한 미팅'과는 전혀 인연이 없는 생활을 하고 있다. 사람이 적은 지방에서는 무슨 일을 하든지 이야기가 빠르게 진행되어서 좋다.

도쿄에 있으면
무의미한 만남이
계속 늘어난다

도쿄의 악습인 '미팅'에 관해 조금만 더 이야기하겠다. 일반적
으로 미팅에 소요되는 시간은 거의 '한 시간'으로 정해져 있다. 나
는 많은 사람과 미팅을 해 봤는데, 신기할 만큼 '한 시간'으로 통일
되어 있었다.

약속 장소에서 만나면 안부 인사 대신 오늘의 날씨나 최근 화제
가 되고 있는 뉴스 이야기를 가볍게 한 다음 한 시간에 맞춰서 끝
낼 수 있도록 대화를 진행한다. 그리고 다음 미팅을 위해 자리를
뜬다. 이것이 도쿄식 미팅이다. 이 스타일에 아무런 의문을 품지
않는 사람도 많을 것이다.

나도 도쿄에서 살던 시절에는 하루에 4~5건씩 약속을 잡고 미
팅을 했다. 그런데 그 가운데 나중에도 기억에 남는 만남은 5퍼센
트도 되지 않았다. 밑 빠진 독에 물을 붓듯이 아까운 시간을 낭비
한 것이다. 그러면서 약속을 잔뜩 잡은 것만으로도 내가 바쁘게
일하고 있다고 생각했다.

왜 이렇게 되는 것일까? 도쿄에 살면 물리적인 거리가 가깝기 때문에 별 생각 없이 만나게 된다. 사실은 만날 필요가 없는데도 만날 수 있는 거리에 있으니 만난다. 경험자이기에 하는 말이지만, 이런 만남은 피해야 한다. 도쿄에서는 내가 먼저 선을 긋지 않으면 눈덩이처럼 약속이 불어나고 만다.

"그러면 다음번에는 ○○씨와 함께 술이라도 한잔하면서 이야기하죠!"

이렇게 업무와 상관없는 사람과의 만남이 계속되는 동안 필요 없는 명함만 차곡차곡 쌓이는 것이다.

고치 현으로 온 뒤에는 아무래도 물리적인 거리가 있다 보니 별 생각 없이 사람을 만나는 일이 줄어들었다. 현 밖에 사는 친구가 매달 한두 명 찾아오는데, 그럴 때만 친구들을 만난다. 그 밖에는 업무상의 미팅과 취재가 한 달에 4~5건 있을 뿐이다. 강연을 포함시켜도 예정이 잡혀 있는 건은 한 달에 10건 정도다.

이것은 지방 이주의 커다란 장점이다. 나는 크리에이터이므로 글을 집필하고 편집하는 데 많은 시간을 쏟는다. 사람들과 만나는 것은 '어쩌다 한 번'으로 충분하다. 실제로 만날 필요도 없고, 화상 채팅이면 충분하다. 인생은 유한하므로 콘텐츠를 끊임없이 만들어내고 조금이라도 사회를 변화시키고 싶다. 해야 할 일에 몰두할 수

있게 되면 자연스럽게 자신의 가치도 높아진다. '많은 사람을 만나
야 한다'와 같은 생각은 오히려 자신의 가치를 떨어뜨린다.

지방 이주의 장점은 제2부에서 자세히 이야기하겠지만, 우선 언
급하자면 고치 현에 온 뒤로 만남 하나하나의 무게가 커졌음을 느
끼곤 한다. 도쿄였다면 명함만 교환하고 끝났을 사람들과도 고치
에서는 깊게 유대를 맺을 수 있다. 사람이 적은 만큼 서로를 알 기
회, 함께 무엇인가를 할 기회가 늘어나기 때문이리라.

도쿄는 사람이 너무 많기 때문에 만남이 쉬운 반면에 그 만남
하나하나의 깊이가 얕아진다. 나는 이제 얕팍한 만남에는 진절머
리가 난다.

'도쿄에 재미있는 사람이 많다'는 건 환상이다

"도쿄에는 재미있는 사람이 많다고. 그래서 더 지방으로 가고
싶지 않아."

이런 말도 자주 듣는데, 이것은 어디까지나 도쿄에 대한 환상일

뿐이다. 말도 안 되는 소리다. 지방에는 도쿄에 없는 유형의 '파격
적으로 재미있는 사람'이 얼마든지 있다. 이주하고 나서 그들 때
문에 충격을 받은 적이 한두 번이 아니다. 그리고 지금은 지방에
서 활약하고 있는 사람들이 '틀에 얽매여 있지 않은' 경우가 더 많
기에 오히려 도쿄에서 활약하고 있는 사람들이 '틀에 얽매여 있어
서' 재미가 없다고 느낄 정도다.

 아니, 설령 지방에 재미있는 사람이 없다고 해도 '만나서 이야
기를 듣고 싶은 재미있는 사람'이 도쿄에 머문다면 그때는 그 사
람을 부르면 된다. 강연회라도 마련하면 그만인 이야기다. 실제
로 나는 고치 현에 온 뒤로 내가 만나러 가는 것이 아니라 만나고
싶은 사람을 고치로 부르게 되었다. 최근 1년 반 사이에도 연속으
로 창업가인 이에이리 가즈오家入一真 씨, 국제사회로부터 승인받
지 못한 미승인 국가인 소말릴란드에 대학원을 세운 사이쇼 아쓰
요시税所篤快 씨, 클라우드웍스cloudworks사 대표인 요시다 고이치로
吉田浩一郎 씨 등등 '이 사람과 만나서 이야기를 들어 보고 싶어!'라
고 생각한 사람들을 고치로 불러들여 강연회를 마련했다. 그랬더
니 의외로 다들 와 줬다.

 포털 사이트 라이브도어livedoor.com의 창업자이자 CEO였던 호리
에 다카후미堀江貴文 씨도 이런 이야기를 했다.

"일류로 꼽히는 사람들을 만나고 싶어 하는 사람이 많은데, 이를 실현할 수 있는 가장 빠른 방법은 바로 자신이 그 일류인 사람들이 만나고 싶어 하는 대상이 되는 것이라고 생각합니다."

지당한 말이라고 생각한다. 상대가 만나고 싶어 하는 존재가 되지 않으면 설령 재미있는 사람을 만난다 한들 의미가 없다.

또 사람들을 고치 현으로 오게 해서 이야기를 나누면 만남의 질도 높아진다. 아까도 이야기했듯이 도쿄에서는 만남이 얄팍해진다. 커피전문점 르누아르에서 커피를 마시며 이야기를 듣고는 그걸로 끝이다. 그러나 고치 현으로 오게 하면 술과 함께 맛있는 음식을 즐기면서 농밀한 대화를 할 수 있다. 이 근방에서 활약하고 있는 재미있는 사람들을 소개해 대화를 나누다가 "우리 함께 고치에서 이런 걸 해 보면 어떨까요?"라는 식으로 이야기가 확대될 때도 있다.

지방에도 재미있는 사람들은 얼마든지 있으며, 지방에서도 도쿄의 재미있는 사람들을 만날 수 있다. 그 만남은 오히려 도쿄에서의 만남보다 농밀해진다. 왜 아직도 도쿄에서 얄팍한 만남을 계속하고 있는가?

도쿄에서는 왜 다들
'바쁜 척'을 할까?

도쿄에서 회사원 생활을 하면서 느낀 점인데, 다들 '바쁜 척'을
한다. 역의 플랫폼에서 잠시 머무는 동안에도 휴대 전화를 들고
끊임없이 통화를 하면서 수첩에 무엇인가를 필사적으로 적고 있
는 회사원들을 종종 볼 수 있다. 이미 도쿄의 시가지 풍경과도 다
를 바 없는 모습이다.

지하철 안에서는 노트북을 펼쳐 엑셀이나 파워포인트를 실행
시키고 엄청난 기세로 타이핑을 한다. 좌석에 앉아서 작업하는 것
이라면 모르겠는데, 서 있으면서 한 손으로 컴퓨터를 받치고 다른
손으로 타이핑을 하는 맹렬 회사원도 있다. 이런 모습을 보면 '저
렇게까지 열심히 일할 필요가 있을까? 혹시 바쁜 자신의 모습에서
만족감을 느끼는 것은 아닐까?'라는 억측마저 하게 된다.

이렇게 무리해서 일하는 것은 일을 못한다는 증거임을 깨달아
야 한다. 사람은 업무가 빡빡한 상태에서는 새로운 가치를 만들어
내지 못하기 때문이다. 창조성은 공백이 주어질 때 깃드는 법인
데, 바쁜 사람은 마음에 여유가 없다. 효율적으로 일을 하려면 차

분하고 조용한 환경에서 자신이 해야 할 일을 밀도 높게 처리해야
한다. 시계를 보면서 상대와 대화하는 것이 아니라 시간에 개의치
않고 차분하게 대화에 몰두해야만 한다. 그런데 도쿄에서는 이런
여유를 확보하기가 참으로 어렵다. 자신은 그럴 수 있다 해도 주
위 사람들이 전부 바쁘기 때문이다.

　시각을 바꿔 보면 도쿄라는 거리가 사람들에게 '바쁨'을 심어
주는 것처럼 보인다. 회사원도, 아이도, 주부도, 정년퇴직한 사람
조차도 '바쁨'을 자연스레 받아들인다. 1분 단위로 움직이는 것을
당연시하며 일종의 '미덕'으로 여긴다.

　도쿄를 떠나 보면 도쿄의 바쁜 생활이 얼마나 비정상적인지 깨
달을 수 있다. 그리고 그 무의미함도 깨닫게 된다. 바쁨은 업무의
질을 떨어뜨릴 뿐이다. 하루 빨리 도쿄를 떠나 바쁨을 느끼지 않
아도 되는 환경에서 자신이 해야 할 일을 해 보기 바란다.

'회사의 노예'라는
말 뒤에 숨는
도쿄 사람들

어떤 젊은 회사원이 내 블로그의 상담 코너에 "수당도 받지 못하는 서비스 야근을 그만둘 수가 없습니다"라고 글을 썼다. 이 사람에게 당장 필요한 것은 '퇴근할 용기'다.

참으로 서글픈 이야기지만, 도쿄라는 거대한 시스템 속에 있다 보면 이런 기본적인 행동력조차 잃어버린다. 그러나 다 큰 어른인 이상 퇴근할지 않을지 정도는 스스로 판단해야 한다.

나는 회사원 시절에 부서 전체 분위기와 상관없이 거의 매일 정시에 퇴근했다. 내게는 당연한 일이었다. 퇴근 시간 이후는 가족과 보내는 중요한 시간이기 때문이다. 그러다 보니 어느덧 '이케다는 반드시 정시에 퇴근한다'는 분위기가 형성되어서, 야근을 하면 "오늘은 정시 퇴근 안 해?"라고 내게 물어볼 정도가 되었다.

퇴근 시간 이후라면 법적으로 퇴근을 해도 전혀 문제가 없으니, 야근을 해야 할지 말지 고민할 여유가 있다면 오히려 조금만 용기를 내서 '정시에 퇴근하는 사람'이라는 캐릭터를 만들기 바란다.

도쿄에는 합법적인 범위에서 개인이 가져야 할 '용기'를 꺾어
버리는 메커니즘이 작용하고 있다. 도쿄에서 생활하고 일을 하면
할수록 용기와 각오가 없는 나약한 인간이 되어 간다. 그리고 어
느덧 '나는 회사의 노예니까'라며 자신에게 행동력이 없음을 자책
하고 비웃게 된다. 자신을 보호하기 위한 행동임은 알지만, 그래
서는 자신의 인생을 사는 것으로부터 멀어질 뿐이다.

나는 이해할 수 없는 시스템을 위해 살다가 죽고 싶지는 않았기
때문에 도쿄를 탈출했다.

도쿄의 시스템에
세뇌되면 정장조차
벗을 수 없게 된다

이곳이 '도쿄'임을 느끼게 하는 모습 중 하나가 한여름에 정장
을 입은 채 땀을 비 오듯 뻘뻘 흘리는 사람들이다. 벗으면 시원할
텐데…… . '더울 때는 옷을 벗으면 된다'는 것은 어린아이도 아는
상식이다.

이들 또한 도쿄라는 시스템에 용기를 거세당한 사람들일 것이다. '정장을 벗을 용기'를 내지 못하는 사람들. 한심한 이야기지만 현실이라는 것이 슬프다. 에어컨이 시원하게 나오는 업무용 승용차를 타고 출근하는 경영자라면 몰라도 무더위 속에서 지하철을 환승하며 출근해야 하는 회사원이 머리부터 발끝까지 정장으로 완전 무장을 하고 다니는 것은 도저히 이해가 되지 않는다. 사우나 대용인가? 다이어트를 하려고? 안 그래도 만원 지하철을 타고 다니면 많은 에너지가 소모되는데, 여기에 정장 차림을 추가해 콘크리트 사막 속에서 무의미하게 체력을 소모한다. 이런 업무 방식으로는 당연히 성과를 낼 수 없다. 비합리적이다.

정장을 입고 한여름에 만원 지하철을 타는 회사원들은 대부분 시스템에 세뇌되어 '다들 그렇게 하니까 나도 당연히 그렇게 해야지'라며 개인의 자연스러운 욕망을 억제하고 있다. 이러한 행동의 문제점은 한여름에 체력을 소모함으로써 업무 성과가 떨어진다는 것이다. 정말로 열심히 일을 해 보면 금방 알 수 있다. 몸이 지치면 성과가 나지 않는 것은 자연의 섭리다.

달리 생각하면 대부분의 '한여름 정장족'은 집중해서 일을 한 적이 없을 것이다. 그래서 자신의 행동이 얼마나 비효율적인지 깨닫지 못하는 것이다.

빈곤한 식생활이
일상이 된 도쿄

도쿄가 빈곤한 것은 '주거' 환경만이 아니다. 오히려 더 큰 문제
는 '식食'이다. 이것이 비참할 만큼 빈곤하다. "도쿄에는 전 세계로
부터 맛있는 음식이 모여드는데?"라는 슬픈 반론이 들리는 듯한
데, 나는 매일의 평범한 식생활을 이야기하는 것이다. 물론 많은
돈을 쓰면 맛있는 음식을 먹을 수는 있다. 그러나 일상적인 식생
활의 수준은 매우 빈곤하다는 것이 내 주장의 요지다.

먼저, 도쿄에서는 채소가 너무 비싸고 맛이 없다. 도쿄에서 토
마토 한 개에 100엔이면 싼 편이지만 고치 현에서는 100엔이면
서너 개는 살 수 있다. 게다가 '아침에 딴' 신선한 놈을 말이다. 지
방에서 자란 사람은 '도쿄에서 파는 오이나 부추, 풋콩 등의 채소
는 전혀 맛이 없다'는 사실을 알고 있을 것이다. 전국에서 채소를
운반해 진열하기 때문에 도쿄의 채소는 신선도가 떨어지며 비용
도 많이 든다. 도쿄의 채소를 아무런 불평 없이 먹고 있는 사람은
어떤 의미에서 행복한 사람이라고 생각한다.

도쿄는 술집이나 레스토랑도 안타까운 수준이다. 도쿄로 출장

을 갔을 때 업무 파트너와 함께 술을 마시러 가는 일이 종종 있는
데, 음식이 너무 맛이 없어서 고통스러울 정도다. 어차피 아르바
이트생이 만든 요리일 테니 어쩔 수 없다 싶기도 하지만……. 그
래서 나는 도쿄로 출장을 가면 고민을 거듭하다 결국 값싼 소바나
라면으로 끼니를 때운다. 주점이나 레스토랑에 들어가면 '고치에
선 훨씬 맛있고 값도 싼데……'라는 생각이 들기 때문이다.

　가족과 도쿄에 갔을 때 어쩔 수 없이 프랜차이즈 음식점에 들어
가 비싼 '전갱이 회 정식'을 시켰다가 막상 요리로 나온 전갱이가
얇고 비린내가 나서 크게 실망했던 기억이 지금도 강하게 남아 있
다. 그때 아내가 맛없고 비싼 전갱이 회 정식을 보면서 "이런 가게
는 만드는 사람이 '내가 먹고 싶지 않다'고 생각하는 음식을 내놓
나 봐"라는 명언을 남겼다. 그 말에 나도 공감했다. 이런 비린내
나는 전갱이를 먹고 싶은 사람은 없을 테니 말이다.

　식사는 매일 하는 행위다. 그 고장의 쌀과 술, 신선한 채소와 생
선, 그리고 생산자가 정성을 다해 키운 가축의 고기가 매일 우리
의 식탁에 오른다. 지방으로 이주하면 이런 식재료가 아주 당연해
지며 식생활의 질이 크게 향상된다. 도쿄에서 지방으로 거주지를
옮기기만 해도 매일 식사 시간마다 감동하는 생활이 시작된다. 왜
아직도 도쿄에서 맛없는 밥을 먹으며 인생을 소모하고 있는가?

스타벅스에서 줄을 서야 하는 도쿄 사막

도쿄에서의 식사를 이야기할 때 긴 행렬도 빼놓을 수 없다. 이따금 도쿄에 가면 어디를 가든 사람으로 가득해 쉽게 지치곤 한다. '피곤하니 잠깐 카페에 가서 쉬자'는 생각에 근처의 카페에 들러도 그곳을 작업장으로 삼고 있는 노마드 워커(nomad worker, 휴대용 기기를 이용해 장소에 구애받지 않고 일하는 사람들 편집자)나 회사원, 주부, 학생들이 진을 치고 있어서 좀처럼 자리가 나지 않는다. 결국 자리가 있는 다른 가게를 찾아 오랜 시간 헤매게 된다. '휴식을 위한 장소를 확보하기 위해 체력을 소모하고' 있노라면 마치 사막에서 오아시스를 찾아다니다 지쳐 버린 아프리카 코끼리가 된 기분이다. 그야말로 도쿄 사막이다.

얼마 전에는 여행용 캐리어를 가지고 온 탓에 큰 짐을 둘 수 있을 만큼 널찍한 자리를 갖춘 카페를 쉽사리 찾을 수가 없었다. 물론 코인로커도 빈자리가 없었다. 다음 약속 시간까지 두 시간이나 남아 있었기 때문에 어떡할까 고민하다가 도심지의 오아시스인

'신주쿠 공원'으로 이동해 느긋하게 쉬기로 했는데, 하필 그때가 벚꽃놀이 시즌이라 입구에서 수화물 검사를 하고 있었다. 아무래도 '몰래 술을 반입하는 사람이 있는지' 검사하는 모양이었다. 나는 '도쿄에서는 벚꽃놀이를 하면서 술을 마시면 안 되는 거야!?'라는 강렬한 충격 속에 여행용 캐리어 안에 선물용으로 산 청주가 들어 있음을 떠올리고 어쩔 수 없이 발길을 돌려 도쿄 사막을 다시 터벅터벅 걸었다.

결국 그날은 고층 빌딩가의 화단에 걸터앉아 다음 약속까지 시간을 보냈다. 도쿄는 진심으로 사람이 너무 많다. 고치 현에서는 카페에서 줄을 설 필요가 없는데…….

도쿄에서는 화장실을 이용할 때조차 순서를 기다려야 한다

행렬 이야기가 나온 김에 좀 더 이야기를 하면, 도쿄에서는 화장실에 들어가기 위해 줄을 서야 한다는 것도 이 도시를 떠나야

하는 최악의 문제점으로 꼽을 수 있을 것이다. 이 점만큼은 거의
모든 독자 여러분이 동의할 것이다.

특히 아침에 화장실 앞에서 기다리고 있는데 안에서 신문지를
펼치는 소리가 들릴 때면 '다들 급해 죽겠는데 한가하게 신문을
읽고 있다니!'라며 짜증을 내곤 했는데, 지금 다시 떠올려도 분노
가 솟구친다.

나는 장이 약한 편이어서 도쿄에 살던 시절에는 이동할 때마다
항상 화장실의 위치를 확인해 놓아야 했다. 그도 그럴 것이, 도쿄
의 역에 있는 화장실은 '어디에 있는지 알 수 없는' 경우가 많기 때
문이다. 기껏 찾았다 싶었는데 개찰구 바깥쪽에 있거나, 건너편
플랫폼에 있거나, 남성용이 아닐 때도 있고……. 장이 약해서 고
민인 사람은 이동할 때마다 '화장실 확보'라는 게임을 해야 하는
것이다.

게다가 도쿄의 화장실은 어디를 가든 항상 붐빈다. 기껏 찾아내
더라도 바로 이용할 수 있다는 보장이 없다. 이쯤 되면 그냥 게임
이 아니라 벌칙 게임이다. 화장실 확보의 어려움도 도쿄로 돌아가
고 싶지 않은 커다란 이유 중 하나다. 겪어 보지 않은 사람은 이것
이 얼마나 커다란 스트레스인지 모를 것이다.

고치 현에서는 물론 화장실 때문에 고민할 일이 없다. 역의 화

장실도 항상 비어 있고, 편의점에 들어가도 마음 좋게 빌려준다(상품을 사지 않아도 이용 가능하다!). 자동차로 이동할 일도 많지 않기 때문에 갑자기 배변 신호가 와도 바로 대응할 수 있다. '다음 역까지 10분은 걸리는데 어쩌지' 같은 상황은 일어나지 않는다.

여담이지만, 나는 '양치질'을 매우 좋아해서 하루에 다섯 번은 이를 닦는다. 그러나 도쿄는 '양치질을 할 수 있는 장소'가 적다. 역의 화장실은 말할 것도 없고, 회사의 화장실이나 패밀리 레스토랑의 화장실도 좁고 불편하다. 도쿄는 치아의 건강에도 좋지 않은 곳이다.

카페에서 쉴 수도 없고, 화장실에서 용변을 볼 수도 없고, 이를 닦을 수도 없고……. 도쿄로 돌아올 때마다 '대체 어디까지 참아야 하는 거지?'라고 느낀다. 이러니 도쿄에서 우울증에 걸리는 사람이 늘어날 수밖에 없다.

도쿄에서의 육아는 부모에게 죄책감을 안긴다

화장실이라는 가벼운 주제를 다뤘으니 이번에는 무거운 주제를 다뤄 보겠다. 바로 '육아'다. 내가 이주를 결정한 가장 큰 이유는 도쿄에서의 육아에 절망했기 때문이었다.

시나가와 구에서 살던 우리 부부는 딸이 태어나자 친정이 있는 다마 시로 이사해 10평 넓이의 커다란 원룸에서 살았다. 집세는 한 달에 8만 4천 엔이었다. 원룸이므로 육아에 적합하다고는 할 수 없는 환경이었지만, 가격을 생각하면 어쩔 수가 없었다. 이보다 조건이 조금 더 좋은 곳은 10만 엔이 넘었기 때문이다.

도쿄에서 아이를 키우는 부모는 저절로 죄책감을 안고 살게 된다. 아이가 신나게 뛰어놀고 소란을 피우는 것은 본능적인 당연한 욕구다. 그런데 도회지에서는 아이가 집에서 방방 뛰거나 큰 소리를 내는 것이 허용되지 않는다. 우리 집도 딸이 쿵쾅쿵쾅 뛰어다닐 때마다 "얌전히 있으렴"이라고 주의를 줘야 했다. 미안하다, 딸아…….

　물론 비판의 대상은 뛰어놀거나 소란을 피우는 아이가 아니라 '살고 있는 환경'이다. 도심 속의 아이들은 남아도는 에너지를 있는 힘껏 발산하는 것이 용납되지 않을뿐더러, 조금만 떠들어도 "얌전히 있으라고 했지!"라고 어른에게 꾸중을 듣는다. 부모에게나 아이에게나 전혀 건전하지 못한 환경이다.

　도쿄에서는 사회적인 유아 지원 정책도 부족하다. 진심으로 저출산 문제를 해결할 생각이 있는지 의문을 느낄 수밖에 없다. 우리 가정도 아이가 성장하면서 '어린이집 대기 아동 문제'에 직면했다. 희망한 어린이집에 들어갈 수가 없어 걸어서 20분 정도 걸리는 이웃 마을의 어린이집에 아이를 보내야 했다. 게다가 그곳은 평판도 그리 좋지 않은 곳이었다. '비나 눈이 오는 날에도 20분을 걸어서 평판이 그리 좋지 않은 어린이집에 아이를 맡긴다.' 이는 어쩔 수 없이 받아들일 수밖에 없는 선택지였다.

　블랙 유머 같은 이야기지만, 아이를 어린이집에 보내기 위해 위장 이혼을 하는 사람도 있다고 한다. 한부모 가정이 되면 어린이집에 아이를 보낼 때 유리하기 때문이다. 부모와 아이가 만족할 만한 어린이집에 보내기 위해 극단적인 경우 부모가 위장 이혼을 할 정도의 무의미한 노력과 에너지를 소비해야 하는 곳, 그곳이 도쿄다.

적어도 '육아'라는 측면에서 도쿄는 최악의 환경이다. 이런 환경에서는 둘째, 셋째를 갖기가 꺼려지고 늘 죄책감 속에서 아이를 키우게 된다. 물론 육아를 함으로써 경제적인 고통이 커지는 것도 커다란 문제다. 요즘은 보육비로 한 달에 10만 엔을 지출하는 가정이 드물지 않다. 내 지인은 한 달에 12만 엔을 쓴다. 이 무슨 비합리적인 일이란 말인가?

도쿄를 떠나면 육아가 상당히 수월해질 뿐만 아니라 지출비도 상당히 줄어든다. 무엇보다 '아이의 자연스러운 욕구를 억압하지 않아도 되는 환경'에서 산다는 것은 참으로 멋진 일일 것이다.

'자기 책임'이라는 말로 약자의 죽음을 방치하는 도쿄인의 냉혹함

도쿄는 아이와 부모에게만 냉혹한 곳이 아니다. 근본적으로 '약자'에게 냉혹한 도시다. 나는 노숙자들을 지원하는 잡지 《빅이슈》 온라인판의 편집을 맡고 있다. 역 앞에서 노숙자가 이 잡지를 파

는 모습을 본 사람도 있을지 모르겠다. 잡지 《빅이슈》는 노숙자
들이 판매하는 잡지로, 350엔인 잡지가 한 권 팔리면 판매자에게
180엔의 보수가 주어진다. 하루 30권을 팔면 일당이 5,400엔인
셈이다(한국에서는 5,000원에 판매되고 있으며, 한 권이 팔리면 2,500원이
판매자에게 돌아간다 - 옮긴이).

　노숙자들에 대한 일반적인 시선은 '게으름뱅이들, 집과 일자리
를 잃은 건 자기 책임'이라는 것이다. 또 노숙자들 자신이 '이렇게
된 건 내 탓이야'라고 믿는 경우도 있다. 그러나 이것은 오해다. 예
컨대 선천적으로 어떤 장애가 있음에도 불구하고 어릴 적에 적절
한 진단과 치료를 받지 못한 채 어른이 되어서 취직에 실패하고
거리로 내몰린 사람도 많다.

　나고야 시에서 실시된 한 조사에서는 조사 대상이 된 노숙 상태
의 사람들 중 30퍼센트에게서 지적 장애가 의심된다는 결과가 나
왔다(이케부쿠로에서 실시된 조사에서도 같은 결과가 나왔다). '지적 장애
가 있다'는 말은 곧 복지 네트워크의 지원을 받아야 할 사람들이
라는 뜻이다. 이들의 장애를 진단해 줄 환경이 주어지지 않은 까
닭에 거리로 내몰린 것은 아닐까? 과연 이런 경우도 진정 '게으름
뱅이의 자기 책임'인 것일까?

　노숙 상태의 사람들, 생활 보호 지원을 받고 있는 사람들 중에

는 '도박 중독'에 시달리는 사람도 있다. 그런 상황에 대해 많은 일본인은 "생활 보호 지원을 받으면서 도박에 빠지다니 용서할 수 없어!", "도박에 빠져서 노숙자가 된 건 자기 책임 아냐?"라고 말한다. 그러나 이 또한 문제의 핵심을 제대로 보지 못한 것이다. 이른바 '도박 중독(병적 도박)'은 치료와 지원이 필요한 '병'이며, 우리는 그들에게 적극적으로 손을 내밀어야 한다. 병에 걸린 사람을 방치하면 그 사람을 구원할 수 없다. 실제로 외국에서는 도박 중독을 사회적인 지원이 필요한 병으로 인식하고 있다. 이것은 당연한 일이다. 도박 중독에 걸린 사람을 방치한들 문제는 해결되지 않으며 오히려 악화될 것이 뻔하기 때문이다.

포용성을 잃어버린 암울한 도시 도쿄

육아 문제든, 노숙자 문제든, 도박 중독 문제든, 본래는 '사회의 책임'으로 다뤄야 할 주제를 도쿄에서는 '개인의 자기 책임'으로 치부한다. 이것이 도쿄를 빈곤하고 살기 어려운 곳으로 만드는 근

원적인 원인이다. 도쿄에서는 '당신이 어떻게 되든 나하고는 상관이 없소'라는 냉담한 배타성이 공유되고 있다. 시골보다 훨씬 '타인에게 배타적'임을 깨닫기 바란다. 도쿄라는 도시가 '포용성'을 획득하지 않는 한 빈부의 격차는 더욱 벌어지고 치안은 혼란에 빠지며 다양성은 사라지고 경제도 쇠퇴할 것이다. 그리고 안타깝지만 이번 세기에 밝은 미래를 손에 넣기는 어려울 것으로 생각된다. 22세기쯤 되면 이야기가 달라질지도 모르지만.

  도쿄처럼 시스템이 비대해진 도시에 살다 보면 사회 구성원인 개인으로서 갖추고 있어야 할 기본적이고 자연스러운 윤리가 손상되어 '밑바닥으로 떨어진 사람'을 받아들일 여유가 사라진다. 도쿄에서 사는 순간 타인을 도울 여유 따위는 사라져 버린다. 내가 사는 고치 현의 시골에서는 어려움에 빠진 사람을 돕는 것이 '자연스러운' 일이다. 본래 인간은 그런 상냥함과 포용성을 지니고 있을 터이다. 그러나 도시로 가면 그런 상냥함과 포용성을 이내 잃어버린다. 포용성을 회복하지 않는다면 도쿄에 미래는 없다. 우리는 "그건 자기 책임이지!"라고 타인을 배척하는 자세가 돌고 돌아서 결국 자신을 괴롭힌다는 사실을 알아야 한다.

  예전에 취재한 젊은이는 집세가 저렴한 이른바 '탈법 하우스'에 살고 있었다. 그 젊은이는 "정말 열심히 일했는데, 우울증에 걸려

서 직장을 잃는 바람에 집세를 낼 수 없게 됐습니다. 그래서 아르
바이트를 하며 1.5평짜리 탈법 하우스에서 살고 있습니다. 우울증
도 낫지 않고 있고, 제 자신이 너무 한심합니다"라고 말했다. 무서
운 사실은 그가 '사회가 잘못됐다'는 생각을 추호도 하지 않고 있
었다는 것이다. 탈법 하우스로 내몰렸음에도 '이렇게 된 것은 내
책임이니 내 힘으로 극복해야 한다'고 생각하며 자신을 몰아붙이
고 있었던 것이다. 우울증을 앓고 있는 그가 자신의 힘만으로 재
기하기는 어렵다. 누군가의 손을 빌리지 않으면 재기는 불가능할
것이다.

　도쿄에는 이런 자멸적인 '자기 책임'의 분위기가 만연하고 있
다. '당신이 어떻게 되든 나하고는 상관이 없소'라는 논리는 '내가
궁지에 몰렸을 때도 내 책임이므로 누구의 도움도 기대할 수 없
다'는 의미를 내포하고 있다. 불안정한 이 사회에서 그런 사고방
식은 파멸을 초래할 뿐이다.

　나는 지금의 도쿄에서 꿈을 꿀 수 있는 미래를 발견할 수 없었
기 때문에 지방으로 이주해 나 자신의 생활을, 앞으로의 사회를
내 손으로 만들어 나가기로 했다.

제2부 도쿄보다 시골에서 돈을 벌기가 훨씬 쉽다

나는 도쿄에서의 육아에 절망했다.
딸이 쿵쾅거리며 신나게 뛰어놀 때미다
매번 얌전히 있으라고
주의를 주어야 했다.

아래층 아저씨

도쿄는 성장 에너지를 발산하는 아이들의 자연스러운 욕구를 억압한다. 도쿄는 절대로 아이 키우기에 적합한 곳이 아니다. 사회적인 유아 지원책도 부족해서 집에서 가까운 어린이집에 보내기 위해 위장 이혼하는 부부까지 등장할 정도다.

육아에 따른 경제적인 고통이 점점 커지는 것도 문제다. 이런 환경에서는 둘째, 셋째를 갖기가 꺼려지고 죄책감 속에서 아이를 키우게 된다. 이대로는 살 수가 없었다. 아이들의 행복을 위해서라도 나는 도쿄를 떠나자고 결심했다.

시골로 이주하자
수입이 세 배가 되었다

"시골에는 일자리가 없다."

단언컨대, 거짓말이다. 나는 아직도 이 착각에 사로잡혀 있는 사람이 많다는 사실에 조금 충격을 받았다. 얄궂게도 시골 출신인 사람일수록 지방의 현실을 모르는 경향이 있다. 지금 시대가 바뀌고 있음에도 말이다.

자극적인 실화를 한 가지 소개하자면, 나는 고치 현으로 이주한 뒤 수입이 세 배가 되었다. 사업은 여전히 성장 중이며, 앞으로 억 엔 단위의 사업으로 키워 나갈 생각이다.

현재 내가 살고 있는 곳은 한계마을(인구 감소화 등으로 65세 이상의 고령자가 인구의 50퍼센트 이상을 차지해 관혼상제 등의 사회적 공동생활을 유지하기가 어려워진 마을 – 옮긴이)인데, 여기에서도 충분히 돈을 벌 수 있으며 일거리를 만들어 낼 수 있다. 그리고 애초에 이런 곳에도 일자리는 있다.

나는 심지어 도쿄보다 시골에서 돈을 벌기가 쉽다고 생각한다. 다시 한번 말하지만, 실제로 도쿄를 벗어난 뒤에 수입이 늘었기 때문이다. '지방에는 일자리가 없어서 돈을 벌 수가 없다'는 것은 몇십 년 전에나 통용되던 상식일 뿐이다.

제2부에서는 지금 현재 지방이 얼마나 재미있는 곳으로 탈바꿈했는지, 행복이 넘치는 곳이 되었는지를 직업의 측면에서 소개토록 하겠다.

'시골에는 일자리가 없다' 라는 새빨간 거짓말

그러면 먼저 21세기의 '지방'에 관한 가장 흔한 오해인 '시골에는 일자리가 없다'에 대해 살펴보도록 하자.

다시금 단언컨대, 이것은 새빨간 거짓말이다. 일자리가 없다고 알려져 있는 '한계마을'로 이주한 내가 보증한다. 오히려 시골로 갈수록 일자리가 많다. 밖에서 봤을 때 일자리가 없는 것처럼 보일 뿐, 사실은 일자리가 얼마든지 있다. 그것도 너무나 다양해서 무엇부터 설명해야 할지 난감할 정도다.

먼저, 대중에게 잘 알려져 있지 않은 '사업 계승'이라는 일자리

수요부터 살펴보도록 하겠다. 현재 지방 각지에서 사업의 '후계자 부족'이 문제가 되고 있다. 기껏 사업을 시작해 어느 정도 궤도에 올려놓았는데 계승해 줄 젊은이가 없는 탓에 사업이 소멸되고 있는 상황이다. 가장 알기 쉬운 예가 농업으로, 내가 사는 마을에도 방치된 경작지가 곳곳에 있다. 게다가 농업 종사자들에게서 이런 한숨 섞인 이야기를 자주 듣는다.

"쓰지 않는 농지도 있고 우리가 수확 방법을 가르쳐 줄 수도 있지만, 사람이 없어서 지금 이상으로 사업을 확장하지 못하고 있다오. 진심으로 농업을 하고 싶은 젊은이가 어디 없으려나……."

지방의 서비스업과 관광업에서도 계승자 문제가 심각해서, 얼마 전에는 고치 현의 시만토 강을 거점으로 운행하는 유람선 업체가 '후계자를 찾지 못했다'는 이유로 사업을 중지하고 말았다. 이밖에도 내가 사는 고치 현에서 후계자 부족을 이유로 사업을 접으려 하는 사람들을 여럿 보았다. 정말 안타까운 이야기다. 이에 앞으로 고치 현의 사업을 계승·발전시키기 위한 시스템을 만들려고 계획하고 있다.

좀 더 눈높이를 낮춰서 살펴보면, '아르바이트' 자리 또한 많이 찾을 수 있다. 내가 사는 인구 4,000명 정도의 마을에도 슈퍼마켓이나 편의점에는 항상 아르바이트생을 모집하는 전단지가 붙어 있다. "아르바이트로는……"이라고 주저하는 사람도 많겠지만, 지방은 시급이 낮은 반면에 생활비도 그만큼 적게 든다. 반드시 도시에서 살아야 할 이유가 없다면 시골에서 아르바이트를 하면서 생활하는 것도 충분히 가능한 선택지라고 생각한다. 아르바이트를 하면서 일을 늘려 나가는 것도 하나의 방법이다.

그리고 의외로 알려져 있지 않은 것이 지방 '관공서'의 고용 모집 정보다. 예컨대 지방에서는 공무원의 중도 채용이 비교적 자주 이뤄진다. 때문에 평소에 조금만 주의를 기울여 찾아보면 임시 직원 모집 등의 공고를 금방 발견할 수 있을 것이다. 이주하고 싶은 지역이 있다면 그 주변 자치단체의 웹사이트를 꼭 확인하기 바란다. 먼저 임시 직원으로 지역에 스며든 다음 자신의 힘으로 다음 일자리를 만들어 나가는 방법을 추천한다.

또 최근에는 지방 관공서에서 '지역 부흥 협력대'를 모집하는 사례도 늘고 있다. 무려 '최장 3년 동안 관공서 직원으로서 지역 부흥을 업무로 일할 수 있다'는 조건이다. 안건에 따라서는 집이나 자동차도 지급되므로 '지방에 이주하고 싶지만 일할 곳을 찾지 못한' 사람은 고려해 볼 가치가 있다. 그러나 현실에서는 제도적인 '구멍'도 있으니 자세한 내용은 제5부에서 다루겠다.

지방의 경우, '고용'은 적지만 '일자리'는 산더미처럼 많다. 무슨 말인가 하면, 어떤 한 가지 일을 해서 수만 엔 정도를 벌 수 있는 '작은 일거리'가 많다는 뜻이다. 내가 고치로 와서 발견한 것만 해도 열거하자면 다음과 같다.

- 수확 아르바이트(쌀, 유자, 오크라 등)
- 풀베기 아르바이트(실제로 시급 1천 엔을 받고 했다)
- 자벌형 임업(직접 나무를 벌채하는 소규모 임업)
- 수렵(원숭이 구제 사업의 경우 한 마리에 5만 엔을 받을 수 있다)
- 전선을 휘감은 나무를 제거하는 일(전력 회사)
- 겨울철의 청주 제조
- 지역 비영리단체의 임시 직원(주 1일 근무)
- 농촌지자체인 정町에서 공급한 정영 주택의 관리 업무
- 폐기되는 식재(유자 껍질, 생선뼈 등)를 사용한 가공품의 판매
- 산나물의 가공 판매
- 버려진 차밭을 이용한 가공 판매
- 빈집을 활용한 게스트하우스 경영
- 오골계나 토종닭을 방목해 얻은 달걀 판매
- 각종 워크숍의 기획과 운영

이처럼 '이런 일거리가 있었단 말인가!?' 라고 눈이 번쩍 뜨일 만큼 일거리가 무수히 많다. 한 가지 일만 해서는 먹고살기 힘들지만, 여러 가지 일을 하겠다는 의지가 있다면 시골에서도 충분히 먹고살 수 있다.

중요한 점은 '와 보지 않으면 이런 작은 일거리가 있는지 알 수 없다'는 것이다. 일의 단위가 너무 작은 까닭에 굳이 구인 광고를 내지도 않을뿐더러 웹사이트에 올리는 일도 없다. 지역에 스며들어 사람들과 유대를 맺다 보면 "이런 일거리가 있는데, 해 보지 않겠어?"라는 제안이 들어오는 식이다. 그런 의미에서 어느 정도 저금해 놓은 돈이 있다면 '일자리를 전혀 구하지 못한 채로 시골로 이주하는' 것도 충분히 가능한 선택이다. 완전 백지 상태로 가더라도 사람들과 유대를 맺으면 작은 일거리가 자연스럽게 모여든다. 나름의 커뮤니케이션 능력과 비즈니스 감각이 있다면 1년 정도 지났을 무렵에는 충분히 먹고살 수 있게 될 것이다.

이런 이야기를 하면 '사람들이 도시에서 시골로 이사한 결과 원래부터 그곳에 살고 있던 사람들이 일자리를 잃는 것

은 아닐까?'라고 걱정하는 사람도 있을 법한데, 이것은 기우일 뿐이다. 지금 지방에는 존재하는 자원과 일자리에 비해 사람이 너무 부족한 상태다. 애초에 지방에는 커다란 '성장 잠재력'이 있기 때문에 한정된 파이를 서로 빼앗는 상황은 일어나지 않을 것이다. 현 시점에서는 아직 어떤 지방이든 '사람이 부족한 탓에 경제가 쇠퇴하는' 상황이다. 그러니 안심하고 지방으로 오기 바란다.

도쿄에서 인생을 소모하고 있기보다는 '100만 엔가량의 저금한 돈을 가지고 이주해 아르바이트를 하면서 지역의 작은 일거리를 모으는' 편이 더 흥미진진한 생활이 될 것이다.

이노베이션은 지방에서 시작된다

지방으로 이주했을 때 가장 재미있고 또한 그만큼 힘들었던 일은 '창업'이었다. 고치 현으로 와서 실감한 점인데, 지방은 새로운 비즈니스를 만들어 내기에 최고의 장소다. 여러분이 우수한 능력을 갖춘 사업가라면 지방에서 10억 엔 규모의 비즈니스 정도는 얼마든지 만들어 낼 수 있다. 산속이나 과소지처럼 인구가 적은 지역에 산다 해도 말이다.

그 증거가 도쿠시마 현의 한계마을인 가미카쓰 정이 세운 '주식회사 이로도리'다. 이 회사는 요리에 들어가는 장식용 잎을 판매하는 사업으로 대성공을 거뒀다. 초밥이나 회를 주문했을 때 푸른 차조기 잎 모양으로 인쇄된 플라스틱 시트를 종종 봤을 것이다. 이런 값싼 장식은 요리의 맛을 반감시킨다. 이에 착안해 가미카쓰 정에서는 마을 숲 속의 편백, 삼, 밀감 나뭇잎을 고령의 주민들이 직접 채취하여 가공해 요리의 맛을 돋우는 멋진 장식용 잎으로 만들어 냈다. 내버려 두면 쓰레기가 되어 썩어 버릴 잎사귀에 새로운 가치를 불어넣어 가미카쓰 정에서만 만들 수 있는 제품으로 새롭게 탄생시킨 것이다. 이 잎사귀가 참으로 멋스러워서 요리에 고급스러운 느낌을 더해 준다는 좋은 평가도 받고 있다. 현재 가미카쓰 정은 잎사귀 비즈니스로 전국에 이름을 알리게 되었으며, 연 매출은 2억 6천만 엔이 넘는다고 한다.

또한 최근 들어 개인적으로 주목하고 있는 분야는 IT 벤처 기업의 지방 진출이다. 한 예로, 고치 현 고난 시에 거점을 둔 '엑스메디오^{exMedio}'라는 의료 계열의 벤처 기업이 있다(현재는 고치 시로 이전함-옮긴이). 이곳의 CEO인 모노베 신이치로^{物部真一郎} 씨는 고치 의과대학 출신의 정신과 의사로, 미국의 명문 스탠퍼드 대학에서 유학한 경험도 있는 유능한 사업가다. 또 공동 창업자인 이마이즈미 히데아키^{今泉英明} 씨는 게이오기주쿠 대학 쇼난후지사와 캠퍼스(SFC)에서 박사 학위를 받고 도쿄 대학 특임준교수와 라쿠텐 기술 연구소 치프사이언티스트를 역임한 뒤 모노베 씨와 함께 엑스메디오를 창업했다.

두 공동 창업자는 미국의 실리콘밸리에서 동료를 모아 피부 질환의 원격 진단지원 애플리케이션인 '히후미루 군'을 개발했다. 이것은 내과, 외과, 정신과 등 피부과 전문의가 아닌 다른 과 의사를 위한 애플리케이션으로, 환자의 피부 상태를 사진으로 촬영해 서버에 전송하면 원격지에 있는 피부과 전문의가 "이 환자는 이 병이 의심됩니다"라고 진단을 지원해 주는 서비스다. 현재 엑스메디오는 히후미루 군의 호평에 힘입어 안과 버전인 '메미루 짱'을 내놓았다.

나는 왜 최첨단 의료 벤처 기업이 고치 현 고난 시라는 시골을 거점으로 선택했는지 궁금했는데, 이에 대해 모노베 씨는 이렇게 대답했다.

"시스템이 이미 완성된 도회지보다 지방에 이런 새로운 서비스를 도입하기가 더 수월하니까요. 더구나 고치 현은 의료비 지출이 전국 1위라 자치단체의 차원에서 의료 개혁의 의지를 보이고 있기 때문에 저희와 궁합이 아주 좋았습니다. 제가 고치 의대 출신이고 고치를 사랑한다는 이유도 있습니다만(웃음)."

의료나 부동산, 에너지 등 시스템이 거대한 영역의 창업에 뛰어들 경우는 좀 더 자유롭게 움직일 수 있는 '지방'에 거점을 두고 '실험'을 거듭하며 조금씩 서비스를 넓혀 나가는 접근법이 합리적이라는 의미일 것이다. 예를 들면, 이미 도심지에서는 '드론(drone, 무선 조종 헬리콥터)'을 날릴 수 없다. 농담이 아니라 진짜로 도쿄의 드론 규제 지역에서 드론을 날렸다가는 체포를 당한다. 드론 비즈니스를 기획하고 있는 지인이 "도쿄에서는 이제 틀렸어"라고 한숨을 쉴 정도다. 그러나 고치 현에서는 드론을 마음껏 날릴 수 있다. 주민 수가 적으므로 뭐라고 할 사람도 없다.

도쿄는 이미 새로운 것을 시도하기에는 '너무 비대해졌다'. 에도 시대 말기에 고치 현에서 사카모토 료마坂本龍馬를 비롯해 일본의 근대화를 이끈 개혁 세력이 배출됐듯이, 지금처럼 도시가 비대화된 시대에는 지방에서 이노베이션이 시작될 것이다. 앞으로 '시골에서 출발한 10억 엔 비즈니스'가 속속 등장할 것이다.

지방은 자본주의의
미개척지다

그렇다. 이 책에서 강조하고 싶은 점은 지방이 비즈니스의 '미개척지'라는 것이다. '지방 생활'이라고 하면 '은거', '자본주의로부터의 탈피' 같은 이미지를 떠올리는데, 나는 오히려 반대라고 생각한다. 은거나 하고 있을 때가 아니다. 돈을 벌고 싶으면 시골에 가야 한다. 노파심에서 말하면, 물론 '은거'도 가능하다. 다만 그곳에는 자본주의가 파고들 여지도 있다. 지방은 그런 놀라운 다양성을 지니고 있다.

내가 고치 현에 와서 통감한 사실인데, 지방은 도시보다 훨씬 '돈을 벌기가 쉬운' 곳이다. 그런데 대부분이 이 사실을 모른다. 이 가능성을 주목하지 않는 사업가가 너무 많다는 사실이 참으로 안타깝다. 벤처 기업이나 스타트업이라고 부르는 신생 창업자들은 앞으로 도시가 아니라 지방으로 진출할 것이다. 경영의 측면에서 지방이 더 합리적이기 때문이다.

비즈니스의 세계에는 '레드 오션', '블루 오션'이라는 개념이 있다. 경쟁이 격렬하게 진행되고 있는 시장이 '레드 오션'이고, 경쟁 상대가 없는 미개척 시장이 '블루 오션'이다. 도쿄는 그야말로 '레드 오션'이며, 지방은 서로를 짓밟으려 하는 경쟁 상대가 없는 '블루 오션'이다. 어느 정도의 센스가 있는 사람이라면 얼마든지 지방에서 비즈니스 모델을 만들어 낼 수 있다. 경쟁 상대가 없으니 당연한 일이다. 나 자신도 앞으로 고치 현에서 새로운 비즈니스에 계속 도전하려고 아이디어를 짜내고 있다. 이케다 하야토식 비즈니스 아이디어에 관해서는 이 책의 제4부를 참조하기 바란다.

이렇게 책을 쓰고 있는 동안에도 고치 현에서 시도해 보고 싶은 비즈니스 아이디어가 끊임없이 샘솟고 있다. 여러분이 신규 사업을 시작하고 싶어 한다면 지방은 최고의 미개척지가 될 것이다.

지방의 비즈니스는 속도감이 뛰어나다

지방에서 비즈니스를 할 때의 장점은 또 있다. 바로 '속도감'이다. 이 또한 의외라고 느낄지 모르지만, 시골은 도시에 비해 '속도감이 압도적'이다.

이와 관련해 떠오르는 것이 도쿄에서 개최된 '지사콘'이라는 이 벤트다. 고치 현으로 이주를 생각하는 사람이 고치 현의 오자키 마사나오^{尾﨑正直} 지사 앞에서 고치를 활성화시킬 아이디어를 발표하는 이벤트였다. 입상한 사람에게는 고치 현 내의 빈집에서 1년 동안 공짜로 살 수 있는 권리가 주어졌다. 또 '지사 특별상'을 받은 사람은 이튿날 아침에 오자키 지사의 옆자리에 앉아서 고치까지 갈 수 있는 항공권을 선물받았다. 요컨대 지사가 아이디어 제공자를 '테이크아웃'해서 가는 참신한 기획이었다. 오자키 지사는 대장성(현 재무성)의 관료 출신으로, 2007년 11월 선거에 출마해 고치 현지사로 당선되었다(2011년에 재선). 주민들의 두터운 신임을 얻고 있는 우수한 지사다.

2014년 8월에 나는 '지사콘'의 제2탄 격으로 열린 행사에서 오자키 지사와 함께 패널 토론에 나섰다. 주제는 '이주 촉진' 정책에 관해서였는데, 모처럼의 기회였기에 건방지지만 당당히 의견을 제시했다. 당시 고치 현은 '시험 이주자'를 위한 주택 수를 늘리고 있었는데, 하나같이 위치가 산속이었다. 공짜로 거주할 수 있는 것은 물론 기쁜 일이지만, 도쿄에서 시골로 처음 이주하는 사람에게는 너무 파격적이었다. 평범한 사람이라면 먼저 고치 시 같은 '지방 도시'에서 살면서 분위기를 살핀 다음에 시골로 이사하기 마련이다. 나 또한 이런 '2단계 이주' 스타일로 시골 이주를 실현했다. 그래서 나는 "이주를 촉진하려면 먼저 시험 이주자를 위한 집을 고치 시내에 확보해야 합니다"라고 진언했다.

그런데 정말로 놀란 것은 그다음이다. 오자키 지사는 패널 토론 중에 "그렇군요. 거기까지는 생각이 미치지 못했습니다. 알겠습니다. 그렇게 하지요."라고 바로 대답했다. 어라? 별다른 검토도 없이 벌써 그렇게 단언해도 되는 건가?

그런데 실제로 이 토론 후 고치 시내에 시험 거점이 개설되었다. 그리고 동시에 주택 임대 사업자인 레오팔레스와 협력해 고치로 이주하고 싶어 하는 사람들에게 단기간 입주가 가능한 임대 물건도 소개하기 시작했다. 솔직히 내 의견이 이렇게 빠르게 실현될 줄은 상상도 못했다. 실행이 빠르기로 유명한 소프트뱅크의 손정의 사장도 울고 갈 만큼의 속도감이었다. 이 사례 외에도 오자키 지사는 현장의 의견을 빠르게 받아들여 시책에 반영한다는 평가를 받고 있다.

인구가 1,300만 명이 넘어가는 도쿄 도에서 도지사를 만나기는 쉬운 일이 아니다. 그러나 인구 73만 명인 고치 현에서는 이렇게 직접 현지사를 만나 이야기를 나누고 효율적인 정책을 직접 제안할 수 있다. 나는 이 '가까움'과 '빠름'에 감동했다. 도쿄는 너무나 거대하기 때문에 최고 결정권자까지 가기 위한 '단계'가 너무 많다. 한편 고치 현은 현 전체의 인구가 73만 명으로, 세타가야 구의 인구(89만 명)보다 적으며 네리마 구의 인구(72만 명)보다 약간 많은 정도다. 그래서 '현지사'급이라 해도 거쳐야 하는 단계가 적으며 거리도 매우 가깝다.

　'시골이 도시보다 속도가 훨씬 빠르다'는 것은 다른 지역으로 이주한 사람들도 입을 모아서 하는 이야기다. 새로운 일을 시작하고 싶은 사람에게는 최고의 환경인 것이다.

한계마을로 이주한 뒤 수입이 800만 엔에서 2,000만 엔으로 늘어났다

　시골 이주자의 생생한 이야기를 좀 더 듣고 싶은가? 나는 이주한 뒤로 수입이 크게 늘었다. 사업 규모를 보면, 도쿄에서 생활한 2013년도에는 연간 매출이 800만 엔(연간 매출이므로 여기에서 소요 비용을 빼야 한다)이었다. 그런데 고치 시에서 한계마을로 이주한

2015년도에는 연간 매출이 2,000만 엔 정도로 증가했다. 그리고 2016년도의 목표는 2,500만 엔이며, 이대로 '한계마을에서 연간 매출 10억 엔'을 실현할 생각이다.

사실 이것은 내가 예상한 대로다. 그 증거로, 이주 계획을 발표한 2014년 6월 1일에 나는 이런 글을 블로그에 올렸다.

요즘 시대에 '지방 이주'라는 선택은 크리에이터에게 긍정적인 영향을 끼친다고 생각합니다.

제가 도쿄를 졸업하는 것은 커리어를 더욱 높이기 위해서입니다. '도쿄에서 도망친다'는 의미도 있지만, 굳이 따지자면 '더욱 성장하기 위해' 이주를 선택했습니다.

왜 이주가 성장으로 이어지는 것일까요? 크리에이터는 외부에서 어떤 자극을 받느냐에 따라 아웃풋이 달라집니다. 도쿄에서 일하는 한은 '도쿄적인 것'밖에 만들어 내지 못합니다. 저는 이미 도쿄적인 것은 거의 파악했기 때문에 다른 환경에서 영향을 받으면서 새로운 무엇을 만들 수 있을지 모색하고 싶습니다.

환경을 바꾸면 분명 아웃풋은 달라집니다. 바로 지금, 저의 블로그 제목을 바꾸는 것으로 그 시작을 알립니다. 그리고 앞으로 더욱 여러분을 짜증나게 하는 메시지를 발신하게 될 것입니다.

당신은 아직도 도쿄에서 인생을 소모하고 있습니까?

저는 크리에이터가 지방 이주를 통해 창조의 폭을 넓힐 수 있다고 생각합니다. 먼저 제가 직접 이 생각을 증명해 보이고 싶다는 것도 이주의 목적 중 하나입니다.

나는 이른바 '콘텐츠 비즈니스'를 하고 있다. 매일 블로그에 글과 사진, 동영상 같은 콘텐츠를 올려 고객을 모음으로써 돈을 번다. 이런 종류의 콘텐츠 비즈니스를 하는 사람은 도쿄에서 지방으로 이주하면 손쉽게 수입을 높일 수 있다. 지방으로 이주함으로써 콘텐츠의 폭이 넓어지기 때문이다. 나는 고치 현에 온 뒤로 '이주', '고치 관광', '시골 생활' 등 소재의 폭을 크게 넓혔다. 도쿄의 미디어가 취재할 수 없는 정보도 다수 올렸다. 덕분에 독자층이 넓어졌고, 접속자 수도 증가했다. 따라서 매출도 증가한 것이다. 아주 간단한 이야기다.

달리 말하면, 도쿄에서 쓸 수 있는 글은 다른 누군가도 쉽게 쓸 수 있는 글이다. 도쿄는 '글을 쓰는 사람'이 너무 많아서 소재가 겹친다. '놀라운 두께의 스테이크'라든가, '경치가 훌륭한 비어 가든'이라든가, '끝내주는 빙수' 같은 것은 모두가 좋아하는 소재다. 창업가와의 인터뷰도 역시 다른 누군가와 겹치기 마련이다. 도쿄에서 블로그를 운영하는 이상은 '소재 겹침'으로부터 벗어날 수 없다. 이것은 블로거에게 지옥과도 같은 상황이다. 이래서는 아무리 노력해도 성과를 올리기가 어렵다.

한편 지방에서는 유일한 콘텐츠를 만들기가 용이하다. 그 이유는 어찌 보면 단순하다. 예컨대, 고치 현에서는 '타베로그^{tabelog.com}' 같은 맛집 리뷰 사이트가 제대로 기능하고 있지 않다. IT 이용률이 낮아서인지, 지역 주민들이 거의 평가를 올리지 않는 것이다. 입소문 정보를 올리는 사람은 주로 관광객이다. 그래서 '현지인밖에 모르는 고치의 맛집' 정보가 인터넷에 전혀 실려 있지 않다. 21세기인 오늘날 이렇게까지 정보 격차가 있을 줄은 몰랐다.

그러나 이것은 콘텐츠 비즈니스에 관여하는 우리 같은 사람들에게 커다란 기회다. 정말로 맛있는 맛집을 누구보다 먼저 리뷰할 수 있기 때문이다. 실제로 고치의 레스토랑과 술집 리뷰는 내 사이트에서 인기 콘텐츠가 되었다. 현지인의 정보를 얻을 곳이 내 블로그 정도밖에 없기 때문에 독점 시장 상태라고 할 수 있다.

이 이야기의 핵심은 '나 자신의 노력의 강도는 전혀 달라지지 않았다'는 것이다. 도쿄에서 하던 것과 똑같이 가게에 가서 사진을 찍고 리뷰를 쓸 뿐이다. 그러나 고치 현에서는 이런 일을 하는 사람이 적기 때문에 같은 행위라도 가치가 다르다. 성과가 반드시 노력에 비례하지는 않는 것이다. 환경을 바꾸면 같은 능력으로도 훨씬 큰 성과를 낼 수 있게 된다.

지방 이주를 회사에 비유하자면 '지방에 거점을 개설하는' 행위라 할 수 있다. 영업 거점이 늘어나면 당연히 매출도 증가한다. 나는 고치 현으로 온 뒤로 고치의 기업이나 자치단체로부터 업무를 의뢰받는 일이 늘어났고, 그만큼 매출도 증가했다. 간단한 이야기다.

창조적인 일을 하는 사람은 당장 지방으로 이주해야 한다. 원래 일정 수준의 능력이 있는 사람이라면 '지렛대 효과'가 항상 작용하는 상태로 일할 수 있다. 지방 이주를 지렛대 삼아 적은 힘으로도 전과 같은 일을 할 수 있는 것이다. 여러분이 디자인, 집필, 영상, 음악, 프로그래밍 등 컴퓨터 한 대만 있으면 할 수 있는 창작 활동을 업으로 삼고 있다면 꼭 이주하기 바란다. 정말로 연수입이 늘어난다. 아니다 싶으면 그때 다시 도쿄로 돌아와도 그만이 아닌가?

지방에서는 조용한 환경에서 집중하며 일할 수 있다

또한 지방은 노동 환경도 최고다. 나는 고치로 이사한 뒤 업무 집중력이 높아졌다. 이 원고도 해발 500미터에 위치한 우리 집 마당에서 자동차 안에 틀어박혀 집필하고 있다(자동차는 최고의 개인 사무실이 된다).

차창으로 시원한 바람이 들어오고, 강물 흐르는 소리와 벌레 우는 소리가 조용히 울려퍼진다. 여기에 더불어 아내가 내려 준 맛있는 커피를 마시면서 느긋하게 원고를 쓰고 있다. 이곳에 온 후로 스타벅스에는 전혀 가지 않게 되었다. 집에서 마시는 커피가 더 맛있고, 졸리면 낮잠도 여유롭게 잘 수 있으니까.

지방에서는 금방 '고독한 환경'을 확보할 수 있다. 나의 아티스트 친구는 고치 현의 시골에서 창고를 빌려 거대한 아틀리에를 마련했다. 그리고 그곳에서 홀로 생활하며 창작 활동에 몰두하고 있다. 고독함 속에 창작 활동에 매진하다가도 사람들과 교류를 원할 때는 지역 카페나 술집에 가면 즉시 지인을 만날 수 있다. 지방이기에 이런 사치를 누릴 수 있는 것이다.

도쿄에서 살던 시절에는 다양한 자극 때문에 업무에 방해를 받았다. 카페에서 일을 해도 주위의 이야기 소리가 신경 쓰여 도무지 오래 있을 수 없었다. 더구나 낮잠도 잘 수 없다(낮잠은 집중력을 회복시키는 데 매우 효과적이다). 그렇다고 해서 사무실로 돌아가면 동료와 부하 직원, 상사가 말을 걸기에 제대로 집중할 수가 없다. 지금 생각해 보면 그런 환경에서 용케도 일을 했다는 생각이 든다.

나는 회사원 시절에 끊임없이 울리는 전화벨 소리를 견디기 힘들어 이어폰을 귀에 꽂고 음악을 들으면서 일했다. 그리고 온몸으로 '내게 말 걸지 마'라는 아우라를 발산했다. 음악 소리 때문에 귀가 아팠지만 집중하려면 어쩔 수 없었다.

집중력을 높이면 업무 성과는 압도적으로 개선된다. 내 경우는 고치 현에 온 뒤로 블로그에 글을 쓰는 효율이 두 배 이상 높아졌다. 시간이 지날수록 빨리 쓰는 능력이 향상되었기도 하지만, 집중할 수 있는 시간을 확보하게 된 것이 무엇보다 주요했다. 도회지에서 살면 아무래도 약속이 여럿 잡힐뿐더러 종종 페이스북으로 "지금 시간 있나요?"라는 연락을 받게 된다. 밀집해서 사는 것은 결코 좋은 일이 아니다.

끊임없이 전화벨이 울리는 사무실에서 별다른 불만 없이 일하

고 있는 여러분. 사회인이라면 업무 환경을 바꾸려는 노력을 해야 한다. 당신의 지금과 같은 환경에서는 성과가 상당히 저하될 수밖에 없다.

시대에 뒤처지고 싶지 않으면 지방으로 가라

'지방으로 가면 정보도 인맥도 끊겨서 시대에 뒤처지고 만다'라는 의견도 자주 듣는데, 이 또한 착각에 불과하다. 전혀 그렇지 않다. 오히려 '도쿄에 있는 편이 더 시대에 뒤처지는' 행동이다.

이는 선거나 정치 현장을 보면 명백하게 드러난다. 도쿄에서는 젊은이의 의견은 제대로 반영되지 않고 고령자의 의견만이 반영되고 있으며, 그 결과 세대의 격차는 점점 벌어지고 있다. 언제나 새로운 의견을 가진 사람이 소수파이며, 그들은 정장을 빼입은 다수파를 이길 수가 없다. 도쿄에서 혁명을 일으키는 것은 무리다.

혁명은 항상 변방에서 시작된다. 오늘날 '도쿄에 있는 것'은 시대의 최첨단이 아니다. '지방에 있는 것'이야말로 시대의 최첨단을 걷는 행동이다.

젊은이 여러분은 즉시 도쿄를 '졸업'하기 바란다. 도쿄는 학교처럼 '졸업'해야 할 지역이다. 도쿄 같은 곳은 1~2년만 살아 보면 충분하다. 도쿄에서 인맥과 기술을 얻은 다음 변방으로 이주해 서로의 얼굴을 마주할 수 있는 커뮤니티 속에서 새로운 가치를 만들어 내는 것이 앞으로의 시대를 '살아남기 위한 기술'이다. 도쿄에 들러붙어 있으면 점점 인생을 소모하게 된다. 연봉은 오르지 않는데 고정 지출비는 계속 오르고, 게다가 회사 내에서 경쟁 또한 심해지기 때문이다. 진심으로 도쿄는 1년에 몇 번 출장을 가는 것만으로도 충분한 곳이다.

지금 지방으로 가면 문자 그대로 '최첨단'의 위치에 자신을 둘 수 있다. 미개척지를 개척할 수 있다. 그런 의미에서 '10년 후는 너무 늦다'고 생각한다. 이미 그때는 각지에서 '선행 우위성'이 사라지고, 선행자 특유의 '설렘'도 반감된 뒤일 것이다. 나는 이 시대에 태어나 사업가로 활약할 수 있게 된 것을 진정 행운이라 느낀다. 지금이 가장 재미있는 시기다. 그런데도 아직도 수많은 이들이 왜 도쿄에 남아 있는지 이해가 되지 않는다. 그래서 계속 여러분을 부추길 것이다. 이것이 사실이니까.

'도쿄를 떠나면 시대에 뒤쳐질 거야'라는 두려움은 완전한 오해
며, 오히려 '도쿄에 남아 있으면 시대에 뒤처지고 만다'로 정정해
야 할 것이다. 이것이 시대의 흐름이다. 부디 지방에 살면서 자신
만이 할 수 있는 일을 하자. 지방에는 도쿄에서 얻기 힘든 '보람'
있는 일이 무수히 많다. 사람이 적기 때문이다. 여러분은 자연스
럽게 '톱니바퀴' 이상의 역할을 담당하게 될 것이다.

순풍처럼 불어 온
정부 차원의 이주 추진

요즘의 '지방 창생'이라는 흐름도 지방에서 창업이나 사업 모델
을 찾는 데 있어 순풍 역할을 한다. 다만 우리의 세금이 사용되는
사업이므로 무조건 좋은 것인지는 생각해 봐야 한다.

조금 세속적인 이야기를 하자면, 어느 정도 센스가 있는 사업가
라면 '지방 창생' 관련 예산을 그리 어렵지 않게 획득할 수 있다.
눈치 빠른 도쿄의 몇몇 기업은 이미 지방자치단체를 대상으로 영

업을 시작했다(원칙적으로 그 지역의 사업자가 받아야 할 예산이 공교롭게도 도쿄로 흘러들고 있다는 기분이 든다). 그렇다고 '눈먼 돈'까지는 아니지만, '좋은 사용처가 있으면 그곳에 예산을 투입하고 싶다'는 지방자치단체는 앞으로 계속 늘어날 것이다.

'지방 창생'에 관해서는 돈의 문제보다 정부가 "앞으로는 지방에 힘을 쏟겠습니다"라고 발표한 데 의미가 있다고 생각한다. 이런 발표를 통해 일본 국민 전체의 의식이 바뀌는 것이다. 이에 호응하듯이 미디어의 주목도도 높아지고 있어서, 최근에는 지방자치단체의 노력이 전국적으로 소개되는 일이 늘어났다.

과거에 고향에서 도쿄나 오사카로 이주한 40~50대 아저씨는 이런 말을 하기 마련이다.

"나는 시골의 불편함이 너무 싫어서 도시에 왔지. 지방의 나쁜 점은 이미 충분히 알고 있어. 이제 와서 다시 시골로 돌아가고 싶지는 않아."

'지방 창생'의 흐름이 가속화되면 이런 이야기도 과거의 유물이 될 것이다. 현재의 '지방'은 이미 아저씨들이 알고 있는 '지방'과는 전혀 다른 곳이 되었기 때문이다.

또한 '시골은 폐쇄적이다'라는 오해도 만연하고 있는데, 아무리 생각해도 '폐쇄적인 시골'은 점점 소멸하고 있으며 최근에는 오히려 시골일수록 개방적으로 변모하고 있다. 냉정하게 생각해 보면 지금 '이대로는 안 된다'며 가장 위기감을 느끼고 있는 이들은 자치단체와 지역 주민이므로 다들 나서서 개방적인 분위기로 변신을 꾀하는 것도 충분히 이해가 간다. 내가 사는 고치의 레이호쿠 지역도 이주자를 크게 환영하는 분위기가 확산되고 있다. 거짓말이라고 생각되면 꼭 놀러오기 바란다. 내 말의 의미가 이해될 것이다. 눈치 빠른 시골 사람들은 '어린이가 줄고 있다', '마을이 소멸하고 있다', '변해야 한다'는 것을 몸소 뼈저리게 느끼고 있다. 모르는 쪽은 도시에서 인생을 소모하고 있는 '아저씨'들이다.

도쿄의 수동적인 회사원은 앞으로 먹고살 수 없게 된다

도쿄에서 인생을 소모하고 있는 독자 여러분 가운데 이 책을 여기까지 읽은 시점에서 '일자리는 어떻게든 해결된다고 하니 나도 이주해 볼까?'라고 생각하는 이들이 분명 있을 것이다. 다만, 이것

만큼은 알아 두기 바란다. '시골에는 일자리가 얼마든지 있다'고
는 해도 누군가가 일자리를 '주는' 것은 아니다. 당연한 말이다. 이
것은 도쿄도 마찬가지가 아닌가? 감나무 밑에 누워서 감이 떨어지
기만 기다려서는 감을 절대 먹을 수 없는 것이다.

　이주만 하면 "오오, 젊은 사람이 이런 시골까지 와 주다니!"라
고 환영하며 알아서 좋은 일자리를 찾아 주는 일은 당연히 없다.
어떤 의미에서 보면 지방에서는 항상 '창업가 정신'이 요구된다.
여러분은 스스로 비즈니스를 만들어 내야 한다. 다만 비즈니스라
고 해서 거창한 것은 아니고, 예컨대 '집 마당의 감나무에 감이 잔
뜩 열렸으니 수확해서 말린 다음 예쁘게 병조림을 만들어 인터넷
과 직판장에서 팔아 보는' 정도의 이야기다. 옛날부터 사람들은
그런 식으로 장사를 해 오지 않았던가? 전혀 어려운 일이 아니다.

　물론 도쿄에서 상사가 시키는 대로만 움직이던 수동적인 회사
원에게는 조금 가혹한 환경일 것이다. 시골은 지시받은 일만 하면
먹고살 수 있을 만큼 만만한 곳이 아니다. 그런 수동적인 사람이
시골로 이주하고 싶다면 자신을 변화시켜야 한다. 이것은 도쿄에
서 살더라도 마찬가지다. 이제 일본은 누가 지시해 주기만 기다리
는 사람까지 먹여 살릴 만큼 풍족한 나라가 아니다.

　이와 관련해서 재미있는 점은, 지방에서도 일자리의 유무에 대

해서는 의견이 '양극단'으로 갈린다는 것이다. 여러분의 주변에 있는 지방 출신자에게 "지방에도 일자리가 있어?"라고 물어보기 바란다. 지방 출신자의 95퍼센트는 비관적인 이야기를 할 것이다. 예를 들면 이런 식이다.

"일자리? 그런 게 시골에 있을 리 없잖아! 나도 그렇고 다른 젊은이들도 그렇고, 좋은 일자리가 없으니까 고향을 떠나 도쿄로 온 거라고. 돌아가고 싶어도 먹고살 방법이 없으니 돌아갈 수가 없어. 우리 고향도 이대로 가면 얼마 안 있어 유령 마을이 될 거야."

지방에 사는 젊은 사람과 이야기를 해 봐도 "여기는 일자리가 없어서 도시로 가고 싶습니다"라며 탈출을 꿈꾸는 경우가 종종 있다. 실제로 고치 현에서는 많은 젊은이가 그렇게 현을 떠나 돌아오지 않고 있다.

그러나 한편으로는 나처럼 "일자리? 무궁무진해!"라고 흥분하면서 말하는 사람도 소수지만 있다. 얼마 전에 들어간 술집에서는 "임업만 해도 충분히 먹고살 수 있고, 연간 1,000만 엔은 충분히 벌 수 있어. 우수한 직원을 키우기가 힘들어서 사업을 확장하지 않을 뿐이지. 시골은 기회의 땅이야. 오히려 마음껏 돈을 벌 수 있다고!"라고 호언장담하는 아저씨를 만났는데, 동지를 발견해 기쁜 마음이 들었다.

"시골에는 일자리가 없어"라고 말하는 부정적인 사람과 "시골에도 얼마든지 일자리가 있어"라고 말하는 긍정적인 사람이 같은 지역에 함께 살고 있다는 것은 재미있는 현상이다. 그 이유는 무엇일까?

'일은 누군가가 주는 것'이라고 생각하는 사람의 눈에는 시골이 일자리가 없는 곳으로 보일 것이다. 분명한 것은 구인 사이트를 열심히 들여다봐도 고치 현의 시골에는 구인 공고가 없다. 당연한 일이다. 지방에서 누군가 자신을 필요로 하는 '고용'만을 찾으면 비관적이 될 수밖에 없다. 그러나 애초에 수천 명이 살고 자원도 풍부한 지역에 일자리가 없을 리가 없다. '고용' 찾기에서 벗어나서 '작은 장사'를 여러 가지 하면 충분히 먹고살 수 있고, 나아가 지역의 자원을 이용해 대규모 비즈니스를 만들어 낼 수도 있다. 능동적으로 가치를 만들어 낼 수 있는 사람에게 지방은 그야말로 천국이다. 나는 한계마을에 살고 있지만 과장이 아니라 진심으로 '무슨 일을 해서든 먹고살' 자신이 있다. 농사를 지어도 되고, 임업을 해도 되고, 민박을 운영해도 된다.

본래 '일은 스스로 만들어 내는 것'임을 깨닫자. 우리는 가혹한 시대를 살고 있다. 다른 사람이 시키는 일만을 하는 단순 노동 자리는 임금이 낮은 외국인 노동자들로 채워지고 있다. 멀지 않은 미래에는 로봇에게 일자리를 빼앗길지도 모른다.

　도쿄를 버리고 지방으로 가자. 그리고 그곳에서 일자리를 스스로 찾아내 만들어 나가자. 나는 그런 힘을 키우는 것이 미래의 '어른'의 조건이라고 생각한다.

　제3부에서도 자세히 이야기하겠지만, 내가 고치 현으로 이주한 이유 중 하나는 나의 이런 생활을 보고 자란 딸에게 그런 힘을 키워 주고 싶어서이기도 하다.

제3부 한계마을로 이주한 뒤
이렇게 행복해졌다

이주를 결정했다 해도 시골에서 과연 어떻게 먹고살 것인지의 문제, 즉 경제적인 계획을 고려하지 않을 수 없다. 그런데 고치 현으로 이주한 나의 경험에 따르면, 일반적인 편견과 달리 '시골에 일자리가 없다'는 말은 새빨간 거짓말이었다. 결론부터 말하자면 시골에는 '고용'은 없지만 '일자리'는 산더미처럼 많다. 어떤 한 가지 일을 해서 수만 엔 정도를 벌 수 있는 '작은 일거리'들이 수두룩하다는 뜻이다.

그런데 이런 일자리들은 막상 그곳에 가 보지 않고서는 절대 알 수 없는 일거리들이다. 나는 도쿄에서 인생을 소모하고 있기보다는 '100만 엔가량의 저금한 돈을 가지고 이주해 아르바이트를 하면서 지역의 작은 일거리를 모아 생활하는' 편을 추천한다. 은행의 노예가 되기 싫어 떠나왔는데 다시 꼬박꼬박 월급을 주는 일자리를 찾아 나선다는 것은 말이 되지 않는다.

지방에서 풍요로운
인생을 되찾다

시대의 변화를 느낄 수 있는 사람이라면 '지방 이주는 합리적인 선택'임을 깨달았을 것이다. 혹은 그 정도까지는 아니더라도 '도쿄에서 생활하는 것, 일하는 것은 이제 한계가 보인다'고 느끼고 있을 것이다.

이주한 지 1년 반이 지난 현재, '지방 생활은 풍요롭다'는 확신이 하루가 다르게 강해지고 있다. 생활의 측면에서도 지방은 도시보다 압도적으로 풍요롭다.

그래서 제3부에서는 지방으로의 이주가 가져온 생활의 행복한 변화를 이야기하려 한다.

월 3만 엔으로
주차장, 마당, 밭이 딸린
단독주택에서 살다

제1부에서도 강조했지만, 도쿄에서 '주거'의 문제는 날이 갈수록 심각해지고 있다. 한편 지방은 도쿄에 비하면 주거 환경이 압도적으로 양호하다. 특히 비용 대비 시설이 뛰어나서 도시에서 살다가 이주하면 '어라? 이거 왜 이렇게 싸지? 여기 일본 맞아?'라고 의심할 정도다.

실례를 소개하겠다. 우리 가족이 이주해 처음에 살았던 고치 시내의 집은 방 두 개에 거실과 주방이 있고 주차장이 딸려 있음에도 집세가 6만 3천 엔이었다. 지은 지 얼마 되지도 않아 상당히 깨끗한 집이었다. 육아가 가능한 환경에 방음도 잘됐고, 주위에 육아 세대가 많아서 어느 정도의 소음은 용인되었다. 참고로 6만 3천 엔이라는 가격은 고치 시내에서는 비교적 고가에 속했다. 지역을 조금 옮기면 같은 조건의 집을 4~5만 엔에 구할 수 있다. 고치 현의 어느 지역이든 도쿄에 비하면 파격적일 만큼 저렴한 시세가 형성되어 있다. 한편 내가 살던 도쿄 도 다마 시에서는 이 정도 조건

의 집을 구하려면 아무리 못해도 12만 엔은 줘야 했다. 8만 4천 엔
짜리 원룸에 가족 세 명이 살았던 것을 생각하면 아내의 말마따나
꽤 '사람답게 살 수 있게 된' 셈이다.

　도쿄와 비교했을 때 웃긴 점은 '한 달에 6만 엔'이라는 임대료가
고치 현 전체에서는 '상당한 고가'에 해당한다는 것이다. 우리 가
족은 2015년 8월에 모토야마 정에서 공급한 정영 주택으로 이사
했는데, 집세가 고치 시에서 살던 시절보다도 더 싸졌다. 마당과
주차장에 밭까지 딸려 있는 단독주택의 집세가 한 달에 고작 '3만
엔'인 것이다. 참고로 자동차는 얼마든지 세워 놓아도 된다고 한
다. 토지가 남아도니 주차비라는 개념 자체가 없는 것이다.

　내가 살고 있는 이 집은 지은 지 3년밖에 지나지 않아서 거의 신
축이나 다름없다. 게다가 수도 요금도 무료. 수도 설비가 완성
된 지 얼마 되지 않아서 요금 시스템이 아직 갖춰지지 않은 모양
이다. 시골은 정말 재미있는 곳이다.

　덕분에 우리 가족은 도쿄에서 살던 시절에 비해 집세를 3분의 1
에서 4분의 1로 줄일 수 있었다. 1년에 100만 엔 가까운 비용을 절
감한 것이다. 10년을 살면 1,000만 엔이 절약된다. 빈집을 빌리면
집세를 더 줄일 수도 있다.

　지금은 임대로 살고 있지만, 나는 지금 살고 있는 마을이 매우

마음에 들기 때문에 이곳에 토지를 사서 집을 지을 예정이다. 이야기를 들어 보니 이 마을의 토지 가격은 경악스러울 만큼 싸다. 도쿄에서는 상상도 할 수 없는 가격이어서, 약간의 돈으로도 대지주가 될 수 있다. 이주자 선배의 말로는 "1,000만 엔만 있으면 깔끔한 신축 주택과 밭과 논을 사고도 돈이 남는다"고 하기에 일단은 그 정도 예산으로 정착하려고 생각하고 있다.

이런데도 여러분은 아직 도쿄에서 35년 대출을 갚으며 인생을 소모하고 있는가?

빈집의 가능성은 무궁무진하다

나는 신축 주택을 짓는 방향으로 생각하고 있지만, 빈집을 활용하는 것도 매우 재미있는 선택이 될 것이다. 시골의 빈집은 가격이 파격적이다. 얼마 전에 보고 온 한계마을의 한 빈집은 집세가 1년에 '1만 2천 엔'이었다! 한 달도 아니고 1년에 말이다! '재산세만 내 주면 된다'는 이야기였다. 부지도 넓을뿐더러 매우 상태가 좋은 '안채'와 청소만 하면 입주가 가능한 '별채', 역시 청소만 하면 쓸 수 있을 것 같은 '헛간', 과거에 사용했던 '외양간', 그리고 광대한 논과 밭이 딸려 있다. 고속도로와도 가깝고 휴대폰 전파도 잡히므로 몇 가지만 각오하면 생활에는 지장이 없어 보였다. 그리고 친구들과 이 집에 딸린 논밭을 개간했는데, 결국 '어디까지가 집의 부지인지' 파악할 수 없었다. 대략 500평은 되는 것 같았다. 1년에 1만 엔 정도만 지출하면 이런 곳에서 살 수 있는 것이다.

이 가격이라면 별장으로 사용하는 것도 충분히 가능하다. 책을 많이 읽는 사람이라면 서고로 삼아도 좋고, 음악을 좋아하는 사람이라면 이곳에 대형 오디오를 설치해 크게 틀어 놓고 음악 감상을 해도 문제가 되지 않을 것이다. 워크숍이나 합숙에 이용해도 재미있을 것이다. 이렇듯 용도는 무궁무진하다.

한계마을로 불리는 지역에는 아무도 사용하지 않는 토지나 빈집이 무수히 많다. 내 어시스턴트인 야노 다이치矢野大地 씨도 얼마 전에 고치 현의 산속에 있는 빈집을 얻었다. 그 집도 역시 방대한 부지 면적에 거의 '저택'이라고 해도 과언이 아닌 집이지만, 집세는 '한 달에 1만 엔'이었다. 눈을 의심하게 되는 가격이다.

다만 빈집은 어느 정도는 손을 봐야 한다. 이 원고를 쓰고 있는 바로 오늘, 어시스턴트가 구한 빈집의 청소와 부지 개간을 하고 왔다. 친구들과 함께 작업한 뒤 맛있는 밥을 먹고 돌아왔다. 조사를 해 보니 개보수가 필요한 부분은 얼마 되지 않아서, 20만 엔 정도만 들이면 편히 생활할 수 있는 상태로 만들 수 있을 듯하다. 이 집을 이용해 다양한 이벤트를 열려고 생각 중이니 여러분도 꼭 놀러 오기 바란다. 와 보면 광활한 부지에 깜짝 놀랄 것이다.

도쿄와 지방에는 신기한 대척점이 있다. 도시에서는 많은 돈을 내야 집이나 토지를 빌릴 수 있지만 지방에서는 공짜나 다름없는 가격에 빌릴 수 있다. 좀 더 시간이 지나면 '돈을 받으면서 빈집에 사는' 경우도 늘어날 것이다. 기후 현의 산속에 그런 곳이 있다는 이야기를 들었다. 눈이 많이 내리는 지역은 빈집의 '눈 치우기'에 돈이 들어간다. 따라서 업자에게 외주를 줘서 치울 바에는 믿을 수 있는 사람에게 무료로 살게 하고 그 대신 빈집의 관리를 맡기는 편이 서로에게 이익이 된다. 빈집의 규모나 상태(밭의 관리도 맡기고 싶다 등)에 따라서 "매달 2~3만 엔을 줄 테니 여기 살면서 관리해 주시오"라는 이야기도 충분히 나올 수 있다. 지방의 주거 환경은 앞으로 대변동이 일어날 것으로 보인다.

이런 시대인데도 왜 다들 도쿄에서 빚을 내서까지 집을 사는지 도저히 이해가 되지 않는다. 지방에 가면 더 양질의 주거 환경을 손에 넣을 수 있으며 적은 돈으로 일국일성一國一城의 주인이 될 수 있는데 말이다. 어시스턴트인 야노 씨도 이대로 가면 30대가 되기 전에 저택을 손에 넣을 기세다. 나도 일본 각지에 집을 열 채 정도 갖고 싶다는 생각을 진심으로 하고 있다. 일본 전역에 집이 있으면 정말 재미있는 삶을 누릴 수 있을 것 같다.

'지방에서는 자동차가 필수품이다'라는 거짓말

지금까지 신나게 산속 이야기를 했지만, '지방 도시'도 정말 매력적이다. 일반적으로 이야기되는 지방살이의 힘든 점은 '이동의 부자유'다. 분명 도쿄에 비하면 대중교통이 발달하지 못했다. 예컨대 내가 살고 있는 집은 전철이나 버스로는 오갈 수 없다. 자동차가 없으면 말 그대로 집에서 나갈 수가 없다. 걸어서 산을 내려가려면 한 시간 반은 우습게 걸린다. 왕복이면 세 시간이다. '무인 자동차'가 보급되기 전까지는 안타깝지만 '자동차가 없으면 생활할 수 없는' 곳이 사실이다.

그러나 이것은 어디까지나 시골 산간 지역일 경우의 이야기다. 지방에도 중심적인 도시는 있으며, 그런 곳들은 하나같이 '콤팩트 시티(compact city, 도시 중심부에 주거·상업 시설을 밀집시켜 시민이 교통수단을 이용하지 않고도 생활할 수 있도록 설계된 도시 – 편집자)'여서 매우 살기 편하다. 가령 고치 현의 중심지인 '고치 시'는 그야말로 콤팩트 시티여서, 시내에서 주로 생활하는 경우라면 자동차는 전혀 필요 없다. 아니, 자동차로 이동하면 오히려 불편하다. 주차에도 돈이 들고, 길도 혼잡하기 때문에 나는 고치 시에 살던 시절에 시내에 나갈 때는 항상 자전거를 이용했다. 이런 점은 도쿄와도 비슷하다.

또 시골이라고 불리는 지역에서도 어떻게 사느냐에 따라서 자동차가 필요 없는 경우도 있다. 내가 살고 있는 모토야마 정에서도 산간 지역이 아닌 정의 중심부에 살면 자전거만으로 모든 이동이 가능하다. 자동차가 없다고 해서 시골 이주를 포기하기는 너무 이르다. 극단적인 예인데, 가가와 현의 오지에 사는 한 선배는 "나는 자동차는 안 사!"라는 방침을 완고하게 고수하고 있지만 그래도 문제없이 살고 있다(멀리 떨어진 마을에 갈 때는 근처에 사는 친구의 차를 얻어 탄다고 한다).

요컨대 '지방에서는 자동차가 필수품이다' 같은 말은 잘못된 정

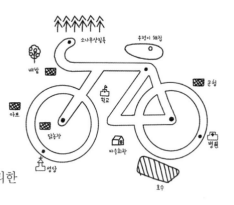

보니 그런 착각을 하고 있
는 사람은 인식을 바꾸자.
자동차 없이 고치 시에 산
다면 멀리 여행을 떠나고
픈 휴일에만 렌터카를 이
용하는 것으로도 충분히 편리한
생활을 누릴 수 있다.

　시골에서 살고 싶지만 이동 수단이 마음에 걸리는 사람은 먼저
현청 소재지를 타깃으로 삼아 보자. 찾아보면 고치 시 같은 콤팩
트 시티가 많다. 시코쿠의 경우라면 에히메 현의 마쓰야마 시도
자전거만으로 모든 생활이 가능한 도시다.

　도보·자전거 생활권에서 모든 생활이 가능한 콤팩트 시티는 일
단 살아 보면 다른 지역에서는 불편함을 느끼고 다시 살 수 없게
될 만큼 쾌적하다. 아주 간단한 예를 들면, 술을 마신 뒤에 걸어서
집에 갈 수 있다!

알고 있는가?
최근의 시골은 편리하다

　나는 자동차만이 아니라 '시골은 불편하다'는 식의 이야기는 경험해 보지 못한 이들의 착각이라고 생각한다. 이렇게 말하는 나 역시 산속에 살고 있지만 딱히 불편하다고는 느끼지 않는다. 물론 아내도 마찬가지다. 자동차로 15분만 가면 나름 커다란 슈퍼마켓이 있고, 산속임에도 신선한 다랑어 회를 먹을 있다(역시 고치!). 물론 병원도 홈센터(home center, 주거공간을 직접 꾸밀 수 있는 도구와 재료를 판매하는 상점 - 편집자)도 편의점도 은행도 우체국도 있다. 광통신이 연결되어 있어서 인터넷 환경도 만족스럽다. 굳이 불편한 점이라면 산부인과가 없다는 것이지만, 출산은 일상적인 일이 아니므로 그때만 조금 신경을 쓰면 그만이다. 정말로 우리 가족은 그 정도의 불편밖에 느끼지 못하며 살고 있다.

　물론 시골에는 '팔지 않는 것'도 많지만, 지금은 인터넷 홈쇼핑이 있으므로 아무런 문제가 되지 않는다. 아내는 지역 슈퍼마켓에서는 팔지 않는 특이한 조미료를 인터넷으로 주문한다. 일본의 유통업은 무서운 속도로 발전하고 있어서, 도쿄에 살던 시절과 별 차이 없는 가격으로 산속까지 배송해 주기 때문에 많은 도움이 된다.

　이렇듯 '시골은 불편하다'는 것 역시 시대에 뒤떨어진 의견이다. 지금은 '아마존'이 있는 시대다. '특급 배송'을 이용하면 산속임에도 주문한 다음날 도착한다. 왠지 미안함이 느껴질 정도의 세심함과 편리함이다.

　게다가 무인 자동차가 대중화되면 이동 수단 문제도 해결된다. 기술의 진보가 '시골은 불편하다'는 이야기를 점점 과거의 유물로 만들고 있는 것이다.

지방에서는 차원이 다른 맛있는 음식을 믿기 어려운 가격에 먹을 수 있다

　이제 '음식'에 관한 이야기를 하겠다. 식생활의 풍요로움은 지방 이주의 가장 큰 장점이라고 해도 과언이 아니다. 그도 그럴 것이 매일 누릴 수 있으니 말이다.

　제1부에서도 이야기했지만, 애초에 도쿄의 식재료는 '신선도'가

떨어진다. 나는 이곳에 온 뒤로 아침에 딴 채소, 아침에 잡은 생선을 먹는 것이 '일상'이 되었다. 게다가 채소든 생선이든 도쿄에서 먹을 수 있는 것과는 차원이 다르다. 맛에 둔감한 사람도 이것만큼은 알 수 있을 것이다. 그리고 무엇보다도 그런 식재료를 믿기 어려울 만큼 저렴한 가격에 살 수 있다. 농가가 직접 시장에 내놓은 '아침에 딴 채소'를 도쿄의 마트보다 오히려 더 저렴한 가격에 구입할 수 있다는 것은 자랑할 만한 인프라다.

가령 우리 집 근처에 있는 직판장(농가가 아침에 딴 채소를 출하하는 마켓)에서는 현지에서 재배한 마늘을 파는데, 네 개들이 한 자루에 100엔이다. 국산 마늘을 말이다. 도쿄에서는 한 개에 100엔이어도 싼 가격이다. 당연한 말이지만 맛도 최고다. 그래서 동네 슈퍼마켓에 들어가면 마치 천국에 온 기분이다.

이런 예를 일일이 소개하자면 한도 끝도 없으니 이쯤에서 넘어가지만, 슈퍼마켓이나 직판장에 갈 때마다 '응? 혹시 가격을 잘못 표시한 거 아냐?'라고 생각하게 된다. 이주한 지 1년 반이 지났지만 아직도 놀란다. 도쿄에서 1엔을 절약하기 위해 발품을 파는 주부가 본다면 기절할 만큼 가격 차이가 난다. 국산 마늘이 한 자루에 100엔인 것이다.

또한 지방은 술집이나 레스토랑, 호텔, 민박에서 나오는 요리의 질이 매우 높다. 애초에 식재료가 맛있고, 땅값이나 임대료, 인건비가 저렴하기 때문에 요리의 질이 높아지는 것이리라. 이것도 슈퍼마켓과 마찬가지로 고치의 음식점에 갈 때마다 '아니, 이런 가격에 팔아도 이윤이 남아!?'라고 놀랄 때가 많다. 이 또한 이야기를 꺼내면 한도 끝도 없지만, 고치 현에서 특히 맛있는 가게를 추천하자면, 아키 시의 한계마을에 있는 '하타야마유메라쿠'의 도사지로(토종닭) 풀코스를 꼽고 싶다. 충격적인 맛과 가격 대비 최고의 만족도를 자랑한다. 나는 너무 맛있었던 나머지 먹으면서 눈물을 흘렸다. 그리고 음식 값을 계산하며 "아니, 이건 너무 싸잖습니까!"라고 주인에게 항의했다. 누구나 한번쯤은 먹어 봤으면 싶은 감동적인 요리다.

한 가지를 더 이야기하면 지비에(gibier, 야생동물의 고기)가 있다. 요즘 도쿄에서 지비에 요리가 유행하고 있는데, 고치 같은 시골에서는 야생동물의 고기가 지극히 평범한 식문화다. 나는 어제도 사슴 고기를 먹었다. 저번 주에는 세 번 먹었다. 은은한 붉은 빛을 내는 사슴 고기는 참으로 맛있다. 도쿄에서는 사고 싶어도 살 수 없는 값진 음식이다. 고치 시에는 '눅스 키친Nook's Kitchen'이라는 유명한 지비에 음식점이 있으니 꼭 와서 먹어 보기 바란다(예약 필수).

이렇게 지방에서는 도쿄에 비하면 믿을 수 없는 가격으로 환상적인 맛의 요리를 맛볼 수 있다. 지방 이주의 심각한 단점이 있다면 '도쿄에 갔을 때 먹을 게 없다'는 점이다. 그만큼 지방은 음식이 풍부하며, 도쿄는 음식이 빈약하다.

지방에 가면 '인파'의 스트레스로부터 해방된다

고치 현에 온 뒤로 '행렬'과는 완전히 인연이 없어졌다. 아~주 가끔 텔레비전에서 〈줄을 서서 먹을 만큼 맛있는 가게!〉 특집 프로그램을 보면 나도 모르게 "왜 저런 쓸데없는 짓을 하고 있지?"라며 혀를 차게 된다.

지금 생각해 보면 도쿄 시절은 정말 악몽 같았다. 내가 아내와 나카메구로에서 데이트를 했을 때였는데, 여유롭게 쇼핑을 즐긴 뒤 맛있어 보이는 음식점을 발견해 그곳에서 저녁을 먹으려 했다. 그런데 입구에서 직원이 우리에게 "예약은 하셨습니까?"라고 물어봤다. 예약 손님들로 이미 자리가 찼다는 것이었다. 아아, 여기 인기 많은 가게였구나…….

그래서 타베로그를 검색해 '그럭저럭 맛있어 보이지만 사람이 많지는 않을 것 같은 가게'를 찾았다. 그랬더니 부담 없어 보이는 에스닉 음식(ethnic food, 이국적인 느낌이 나는 제3세계의 고유한 전통 음식 - 편집자)을 파는 식당이 있었다. 10분 정도 걸어서 가게에 도착했는데, 이곳에서도 "예약은 하셨나요?"라는 질문이 우리를 반겼다. 이야기는 이것으로 끝이 아니다. 또 다른 음식점을 찾아갔지만 그곳 역시 자리가 없어서 들어갈 수 없었다. "배고픈데"라고 중얼거리며 거리를 헤매다 '여기는 자리가 있겠지!' 싶은 가게를 발견해 들어가 봤지만, 역시나 자리는 없었다. 결국 어쩔 수 없이 프랜차이즈 밥집에서 꽁치 정식을 먹었다. 세련된 음식점에서 저녁을 먹고 싶어서 나카메구로까지 온 것이었는데……

그러나 고치 현에서는 이런 황당한 일을 겪을 가능성이 전혀 없다. 설령 가려고 했던 가게에 자리가 없더라도 다음 가게에는 반드시 자리가 있다. 이것은 실화인데, 고치의 친구가 한 라면집을 추천하면서 "저기 있는 라면집은 정말 맛있으니까 한번 가 봐. 다만 꽤 인기가 많아서 붐비니까 줄을 서야 할지도 몰라"라고 말하기에 점심시간에 가 봤더니 가게 앞에 '다섯 명'이 줄을 서 있었다. 그래서 10분 정도 기다렸다가 들어가 라면을 먹었는데, '고치에서는 이걸 붐빈다고 하나?'라는 생각에 웃음을 터트렸다.

고치 현에서는 줄을 서는 일 자체가 매우 드물어서, 대규모 불꽃 놀이 행사도 도쿄에 비하면 너무나 한산해 충격을 받았다. 도쿄 스미다 강에서 열리는 불꽃놀이 축제는 애초에 갈 엄두도 내지 못할 정도인데 말이다. 니혼바시에서 살던 시절에는 아내와 유카타를 입고 빌딩 틈새로 불꽃놀이를 구경했다. 인파에 치이지 않고서도 가까이서 불꽃놀이를 볼 수 있는 지금 돌이켜 생각해 보면 정말 코미디 같은 이야기다.

지역 특산품을 사서 지역 경제에 공헌하는 기쁨

재미있는 이야기인데, 나는 고치 현에 온 뒤로 씀씀이가 헤퍼졌다. 좋은 물건이 많기 때문이다. 도쿄에서 살던 시절에는 우리 부부 모두 '구두쇠'였다. 나는 연봉이 300만 엔이던 회사원 시절에 매년 150만 엔을 저금했다. 맞벌이를 하던 시절에는 저금이 더 늘어났다. 도쿄에서는 '돈을 쓰고 싶다'는 생각이 들게 하는 물건이

나 서비스가 적었기 때문이다.

　그러던 우리가 고치 현으로 이사 온 뒤로는 가치관이 바뀌어서 현지에서 생산한 값비싼 물건을 즐거운 마음으로 사게 되었다. 그중 하나가 이곳에서 만드는 탁주다. 4홉들이 한 병에 1,700엔으로 청주에 비해 굉장히 비싸지만, 산속으로 이사한 뒤 3개월 동안 이래저래 열 병 이상을 비웠다. 일단 맛이 있고, 무엇보다 이 지역에서 만든 것이기 때문이다. 눈앞에 펼쳐진 계단식 논에서 키운 쌀로 빚은 탁주라고 생각하면 수백 엔 정도의 프리미엄은 아무렇지도 않게 느껴진다. 현 밖에서 손님이 왔을 때도 함께 마시며 "이거, 저기 있는 논에서 키운 쌀로 빚은 탁주입니다"라고 이야기꽃을 피웠다.

　내가 살고 있는 모토야마 정은 와규의 산지로도 유명하다. 이런 마을에 살면 호주산 쇠고기 같은 것은 살 마음이 생기지 않게 된다. 물론 국산 와규이므로 값은 비싸지만(100그램에 580엔 정도), 어차피 쇠고기를 매일 먹지는 않기 때문에 이 고장에서 키운 와규 이외에는 사지 않게 되었다.

　이런 소비는 지역에 공헌하는 일이기도 하다. 내가 돈을 쓸수록 이 지역의 농가와 축산 농가는 돈을 번다. 마을의 경제가 순환되어 풍요로워지면 나도 행복해진다. 그래서 다소 비싸더라도 이 지역의 것을 적극적으로 소비하게 되었다. 다행히 고치 현은 토지가 넓어서 조미료부터 채소, 생선, 고기에 이르기까지 전부 이 지역에서 키우고 잡은 것으로 구비할 수 있다. 삼시 세끼 전부 고치에서 키우고 잡은 것만 먹으며 살 수도 있다.

애초에 집세나 생활비가 줄었기 때문에 금전적으로도 여유가 생겼다. 비싼 것을 사게 되었다고는 해도 어차피 가족 세 명의 식비이므로 집세가 줄어든 것을 감안하면 여전히 도쿄 시절보다 흑자 재정이다. 도쿄에서 1엔에 벌벌 떨며 살 바에는 지방에 가서 생활비를 줄이고 그 돈으로 맛있는 음식을 사 먹는 편이 훨씬 행복하게 지낼 수 있다.

고가의 회식보다 사람들이 훨씬 좋아하는 '바비큐 파티'

이주한 뒤로 '접대'가 즐거워졌다. 이것은 혁명이다.

'접대'는 정말 짜증나는 일이다. 하고 있는 동안에도 기분이 우울해진다. 그러나 고치의 한계마을에 살기 시작한 뒤로는 접대가 편하고 즐겁다 보니 나와 손님 모두에게 만족스러운 시간이 되었다. 집에서 '이 지역의 고기와 채소를 사용한 바비큐'를 할 수 있기 때문이다. 듣기만 해도 손님의 만족도가 높아지는 음식이다.

이 책을 만들면서도 편집자 두 명을 우리 집으로 초대해, 일 이야기를 하기 전에 먼저 바비큐를 대접했다. 내가 맛있다고 확신하는 식재료이기 때문에 당연히 상대도 좋아한다. 현 외에서는 유통되지 않는 진기한 탁주와 청주도 있었기 때문에 대낮부터 술잔을 기울이면서 신나게 이야기를 나눴다. 갓 따 온 채소와 고급 와규, 맛있는 술이 어우러지니 도쿄의 술집과는 질적으로 차이가 난다. 그런데 이들 식재료는 사실 집 근처의 슈퍼마켓인 '선샤인 모토야마'에서 손쉽게 구입할 수 있는 것들이다. 술을 포함해도 한 명당 2,000엔이 들지 않는다.

이렇게 손님을 초대해 대낮부터 술을 마시며 즐겁게 이야기를 나누다 정신을 차려 보면 어느덧 해가 저문 뒤인 적도 여러 번 있다. 내가 살고 있는 마을에는 아름다운 '계단식 논'이 있어서 다들 먹고 마시며 그림 같은 계단식 논의 풍광을 즐기다 만족하며 돌아간다. 밤새 이야기를 나누다 그대로 텐트에서 묵고 가는 사람도 있다. 이미 단골손님도 생겼다. '절경과 지역 요리를 즐길 수 있는 민박'으로 만들면 짭짤한 수익을 올릴 수 있을 것 같은 기분이 든다.

도쿄에서는 이런 식으로 접대를 할 수가 없다. 더구나 접대에 익숙한 사람도 많아서 만족시키기가 어렵다. 아무리 신경을 써도 평범한 경험으로 남을 뿐이다. 그런데 도쿄의 시내에서 고치의 산 속으로 장소를 옮기는 순간 상황이 완전히 달라진다. 게다가 대접하는 쪽은 전혀 무리를 하지 않아도 된다. 오히려 도쿄에서보다 훨씬 싸게 먹힌다. 하는 일이라고는 숯불을 피워서 고기와 채소를 굽는 것뿐이다. 엄청난 비용 대비 효과인 것이다.

다음에는 직접 만든 숯으로 바비큐를 하고 싶다. 시골에는 원래 숯을 만드는 문화가 있어서, 내 지인이 살고 있는 빈집에도 숯을 굽는 오두막이 있다. 여기에 밭도 있으므로 '손님과 함께 밭에서 채소를 수확해 그 자리에서 구워 먹을' 수도 있다. 다시 한번 말하지만 돈은 들지 않는다.

이런 만남은 상대의 기억에 오래 남기 마련이어서, "요전에 고치의 산속에 갔는데 이런 일이 있었어"라고 여기저기에 이야기가 퍼지곤 한다. 상대를 '비일상적인 환경'에서 만날 수 있다는 것은 어떻게 보면 '반칙'이다. 찻집에서 차를 마시면서 한 시간 정도 이야기를 나누고 헤어지는 것이 아니라, 시골의 자연 속에서 밀도 높은 만남을 몇 시간씩 교류하는 반칙을 나는 이제 일상으로 삼고

있는 것이다. 이렇게 교류하면 상호간의 이해도 깊어져 비즈니스
를 더욱 원활히 진행시킬 수 있다.

도쿄에서는 맛볼 수 없는
'계절을 느끼는'
행복감

지방으로 온 뒤로 자주 하게 되는 말이 있는데, '계절이 여실히
느껴진다'라는 것이다. 도쿄에서 살던 시절에는 계절을 느낀 적이
없었다. 경치는 1년 내내 똑같았고, 식재료에서도 '제철'을 느낄
수가 없었다. 고작 '기온' 정도에서나 계절을 느낄 수 있었다.

그러나 고치 현으로 이주한 뒤로는 식재료에 제철이 있음을 몸
으로 깨달았다. 여기에는 두 가지 의미가 있다. 첫째로, 일단 제철
이 아니면 식재료를 팔지 않는다. 그렇다! 고치에서는 마늘을 팔
지 않는 시기가 있다. 이것은 정말 충격이었다. 도쿄에서는 기본
적인 식재료인 마늘을 1년 내내 살 수 있었지만, 고치에서는 제철
이 정해져 있어서 겨울철에는 통마늘을 팔지 않는다! 그 대신 겨

울철에는 '잎마늘'이라는 로컬 식재료를 팔기 때문에 현지민들은 겨울이 되면 이것을 사서 먹는 모양이다. 우리는 제철일 때 통마늘을 잔뜩 사 놓고 냉동시키거나 소주에 절여서 보관한다.

그 밖에도 부추, 배추, 양배추, 가지, 토마토 등 기본적인 식재료에 제철이 있다는 사실을 알았다. 바꿔 말하면 계절에 따라서는 이들 식재료를 직판장에서 팔지 않는 것이다. 이 원고를 쓰고 있는 지금은 11월인데, 직판장에서 오이를 볼 수가 없다. 사고 싶어도 살 수 없는 계절이 계속되기 때문에 어느 날 마켓에서 오이를 팔기 시작하면 '오오, 올해도 오이의 계절이 왔구나! 된장에 절여서 맥주와 함께 먹어야지!'라는 생각을 자연스레 하게 된다.

그리고 둘째로, 제철 채소는 역시 맛이 다르다. 토마토의 경우 계절에 상관없이 1년 내내 팔기는 하지만, 고치 현에서는 일반적으로 봄부터 초여름까지가 가장 맛있게 느껴진다. 제철이 끝날 무렵에는 채소도 생선도 맛이 떨어져 자연스럽게 다음 제철 식재료에 눈이 가게 된다.

음식 이야기에 너무 열을 올렸는데, 물론 경치나 기후에서도 계절을 느낀다. 고치 현은 여름이 되면 햇살이 따가울 만큼 강해서, 구름 한 점 없이 짙푸른 파란 하늘 아래 있으면 '고치의 여름이 왔구나'라고 저절로 느끼게 된다. 산의 색깔도 시시각각으로 변해서 지금은 단풍을 드문드문 볼 수 있게 되었다.

　일상 속에서 제철을 느낄 수 있다는 것은 도시에서는 맛볼 수 없는 풍요로운 경험이다. 도쿄 도민은 제철 식재료의 맛과 이를 만났을 때의 기쁨을 결코 알지 못할 것이다.

'나쁜 사람의 절대적인 수'가 적다는 안도감

　또 다른 측면에서는 매일 느끼는 '안도감'이 도쿄와 다르다. 여러분도 느끼고 있겠지만, 도쿄는 무서운 곳이다. 나쁜 사람이 가득하다. 길을 걷던 사람이 이유 없이 습격을 당했다는 뉴스는 이제 의아하지도 않다. 최근에는 테러의 위험도 현실화되고 있다. 겁이 많은 나는 니혼바시의 원룸 아파트에서 혼자 살던 시절에 매일같이 '오늘 밤에 자고 있을 때 갑자기 범죄자가 들어와서 나를 죽이지는 않을까?'라는 두려움 속에서 잠을 청했다. 농담이 아니라 진짜다. 혹시 이에 공감하는 사람은 없는가?

　아내 혼자 집에 두고 나왔을 때도 불안해서 일이 손에 잡히지

않았다. 드라마에도 자주 나오지 않는가? "아내의 웃는 얼굴을 본
것은 그날 아침이 마지막이었습니다"와 같은 대사가……. 출장
때문에 집에 못 들어가는 날이면 '집에 갔다가 아내의 싸늘한 시
체를 발견하게 되는 것은 아닐까?'라는 몹쓸 상상을 적어도 하루
에 한 번씩은 했다.

　지하철도 두렵다. 인파에 밀려 오해를 사서 치한으로 몰릴 위험
성도 있고, 플랫폼에 서 있는데 누가 뒤에서 밀어서 떨어질 위험
성도 있다. 나는 지하철을 탈 때는 칼을 찬 무사가 된 기분으로 반
경 1미터 주변에 살기를 내뿜었다. 이쯤 되면 내가 더 위험한 사람
같지만, 그 정도로 도시는 무서운 곳이다.

　내 친구는 지하철을 탔다가 눈앞에서 승객들이 톱을 휘두르며
피투성이가 되어서 싸우는 모습을 목격하고 그 자리에서 몸이 얼
어붙는 경험을 했다고 한다. 운동부 출신인 그 친구는 당시의 상
황을 이야기하면서 "사람이 진짜로 공포를 느끼면 몸이 움직이지
않게 된다는 말을 들었는데 정말이더라"라고 말했는데, 나는 친구
의 설명만으로도 심한 공포를 느꼈다.

　그러나 2014년 6월에 고치 현으로 이사를 온 뒤로는 그런 경계
심을 완전히 버리게 되었고, 지금은 유유자적 인생을 즐기고 있
다. 자전거에 자물쇠 채우는 것을 깜빡했더라도 '뭐, 무슨 일 있겠

어?'라며 태연하게 생각하게 되었다. 집에서 혼자 낮잠을 잘 때도 안도감과 이불에 포근히 감싸인 채 코를 골며 숙면을 취한다.

나의 이런 행동은 고치 현에는 나쁜 사람의 '절대적인 수'가 적기 때문이다. 물론 나쁜 사람이 아주 없는 것은 아니다. 주변에 조직폭력배인 사람도 있다고 들었고, 살인 사건도 물론(?) 가끔은 발생한다. 그러나 그 건수는 당연히 도쿄보다 훨씬 적다. 참고로 연간 평균 살인 피해자 수는 오사카가 51명, 도쿄가 27명, 고치가 4명 정도라고 한다. 과거에 고치 현에서 무차별 습격 사건이 있었는지 조사해 봤는데, 인터넷에는 그런 기록이 없었다. 역시 안심할 만한 수치다.

실제로 고치 현에서는 지금껏 생활하는 가운데 '위험한 느낌이 드는 사람'을 본 적이 단 한 번도 없다. 특히 도시와 큰 차이를 느끼는 곳이 역의 플랫폼이다. 도쿄에서 살던 시절에는 오다큐선 마치다 역에서 사람들이 싸우는 모습을 종종 볼 수 있었다. 뭐랄까, 마치 만화 〈북두의 권〉에 등장하는 핵 전쟁으로 멸망한 세계가 현실에 존재한다면 여기가 아닐까 싶은 느낌이었다. 그러나 고치 현에서는 일단 열차를 타는 사람이 적기 때문에 애초에 싸움을 걸 상대도 없다. 두 량짜리 열차에 차장과 나만 타고 있는 경우도 있었다.

경계심을 풀 수 있는 환경에서 사는 것은 두말할 필요도 없이 매우 쾌적하다. 고치 현에 온 뒤로 스트레스성 통증과 목의 결림이 사라졌는데, 어쩌면 경계심을 품지 않고 살게 된 덕분인지도 모르겠다. 도시에서만 생활해 온 사람은 부디 한 달 정도여도 좋으니 안전한 시골에서 머물러 보기 바란다. '끊임없이 주위를 경계하지 않아도 되는' 환경에 몸과 마음이 즐거울 것이다.

서로 돕고 사는 문화가 뿌리를 내린 지방

시골의 장점은 또 있다. 이것도 자주 듣는 이야기인데, 도쿄와는 '서로 돕고 사는' 수준이 크게 다르다.

우리 집은 산 위에 있어서 가로등도 민가도 거의 없기 때문에 밤이 되면 도로가 완전히 어둠에 휩싸인다. 그런데 이사 온 지 얼마 안 됐을 무렵에 밤 10시쯤 자동차를 운전하다가 핸들 조작 미숙으로 타이어가 도랑에 빠지는 사고를 당한 적이 있었다. 비는 내리고 날은 추운데 휴대폰은 끊겼다 연결되기를 반복하고, 아내는 밤길 운전을 못하고(지금은 잘하지만 당시는 그랬다), 이 시각에 견인차를 부른들 와 준다는 보장도 없고……. 완전히 절망적인 상황이었다.

그렇게 이도저도 못하고 2분 정도 우두커니 서 있었을 때 정말 운 좋게도 차 한 대가 다가오는 것이 보였다. 이 지역에 사는 사람인 모양이었다. 그 사람은 나의 비참한 상황을 보고는 "어머, 큰일이네요. 잠깐만 기다리세요. 남편을 불러올게요"라며 떠났고, 3분 뒤 건장한 아저씨가 경트럭을 몰고 찾아왔다. 그 아저씨는 "하하, 이 동네에서는 종종 있는 일이지! 나도 그랬었다니까!"라고 호탕하게 말을 건넨 뒤 도랑에 벽돌을 쌓아 타이어를 빼내 주고서는 아무 일도 없었다는 듯 다시 경트럭을 몰고 떠났다. 여기까지 걸린 시간이 불과 20분. 견인차를 부를 필요도 없었다.

다른 일화도 있다. 이사를 마친 날이었는데, 근처의 슈퍼마켓에서 장을 보다가 지갑을 놓고 오는 실수를 저질렀다. 게다가 그 사실을 깨달았을 때는 이미 산 위의 집에 돌아온 뒤였다. 그런데 오후 6시쯤, 마당에서 "이케다 씨~ 지갑 떨어뜨리셨어요!"라는 목소리가 들렸다. 나가 보니 관청 직원이었다. '어라? 슈퍼마켓이 아니라 정영 주택의 주차장에 떨어뜨렸던 건가?'라고 생각하며 지갑을 받았는데, 이야기를 들어 보니 역시 슈퍼마켓에서 발견했다고 한다. '어? 슈퍼마켓에서 떨어뜨린 지갑을 왜 여기까지 직접 가져다 준 거지?'라는 의아함도 잠시 느꼈지만, 그런 것은 중요한 문제가 아니었다. 관청에서 우리 집까지는 자동차로 왕복 30분이 걸린다. 그런데도 일부러 여기까지 찾아와서 지갑을 전해 준 것이다. 나는 고마움을 느끼며 더불어서 앞으로 주민세를 더 열심히 내야겠다고 결심했다.

주운 지갑을 집까지 찾아와서 돌려주는 친절함, 이것이 바로 서로 돕고 사는 시골의 모습이다. 지방에는 이런 '서로 돕고 사는' 문화가 깊게 뿌리 박혀 있다. 도쿄처럼 "자기 책임이지!"라며 매몰차게 외면하지 않는다. 이것은 참으로 훌륭한 문화이자, 어떤 의미에서는 '안심하고 실수할 수 있는' 환경을 조성하는 데 토대가 된다. 실수를 해도 누군가가 도와주기 때문에 마음이 편할 뿐만 아니라 자신도 실수한 누군가를 남들처럼 대가 없이 도울 수 있게 된다.

사람들 모두와 얼굴을 마주할 수 있는 작은 마을에 살면 이런 이상적인 자세가 자연스럽게 뿌리를 내리는 것이다.

모두가 입을 모아 말하는
'시골은 폐쇄적이다'
라는 거짓말

"하지만 서로 돕고 사는 문화가 일상화돼 있는 만큼 폐쇄적이거나 귀찮은 측면도 있지 않겠어?"

만약 그런 측면이 있다면 내가 이주를 추천하지는 않았을 것이다. 제2부에서도 잠깐 이야기했지만, '폐쇄적인 시골'은 이제 많이 줄어들었다. 아직도 그런 자세를 유지하는 마을은 쇠퇴할 것이 뻔하기 때문에 위기감을 느끼는 시골일수록 오히려 개방적이며 이주자를 환영한다.

실제로 내가 살고 있는 마을은 번거로운 인간관계가 일체 없다. 선배 이주자에게 이야기를 들어 보면 이 마을은 역사적으로 이주자가 많고 집과 집 사이의 거리가 멀어서 서로를 지나치게 간섭하지 않는 문화가 자연스레 생겨났다고 한다.

생각해 보면 이곳은 간섭을 하고 싶어도 애초에 이웃집이 보이지 않을 만큼 멀리 떨어져 있어 서로 간섭할 만한 여건이 주어지지 않는다. 도쿄 주민들이 자주 말하는 '이웃 사람이 무엇을 하는

지 전혀 모르는' 상황인 것이다. 게다가 마을의 인구도 적기 때문에 폐쇄적이 되려고 해도 될 수가 없는 사정이 있다. 사람이 너무 적으면 폐쇄성 같은 것이 있을 수가 없기 때문이다.

그런 의미에서 같은 이름의 '지방', '시골'이라고 해도 그 내부를 들여다보면 각기 다양한 형태를 띤다. 전체적으로 살펴 보면 '폐쇄적인 시골'은 감소하고 있지만, 지역의 산업·경제가 어중간하게 활발한 지역, 과거의 영광을 잊지 못하는 지역, 사람이 비교적 밀집해서 사는 지역 등은 특유의 폐쇄성이 느껴질 수도 있다. 이것은 대기업에서 흔히 보이는 조직의 폐쇄성과도 비슷한 측면이 있는 듯하다.

나는 커뮤니케이션 능력이 떨어지는 탓에 번거로운 인간관계에 익숙하지 못하며 관심도 없지만, 그래도 한계마을에서 즐겁고 풍요롭게 살고 있다. 주변 사람들도 다 마음씨가 좋아서 지금껏 불쾌한 일은 겪은 적이 없다. 오히려 도움을 받으며 살고 있을 정도다.

선배 이주자로서 굳이 조언을 하자면, 특히 시골로 이주를 검토하고 있는 사람은 그 지역의 문화를 잘 확인한 뒤에 결정하기 바란다. 실제로 자신과 지역 문화가 맞지 않는 곳으로 이주해 낭패를 보는 경우가 가끔 있다. 같은 마을이라도 지구地區에 따라 문화가 다르므로 뒤에 언급할 '2단계 이주', '3단계 이주'의 과정에 따라 자세히 조사할 것을 권한다. 이것만큼은 구글도 가르쳐 주지 않으니 자신의 힘으로 조사하는 수밖에 없다.

무슨 일이 있어도 '굶을 걱정은 없는' 시골의 따뜻함

제2부에서 썼듯이, 시골에는 '일거리'가 무수히 많다. 특히 시골로 이주한 젊은이에게는 일거리가 너무 많이 들어와서 오히려 사양해야 할 상황에 처하게 된다. 그런 의미에서 시골은 '실업'의 위험성이 낮다. 나도 나중에 블로그 운영을 그만두거나 책을 쓸 수 없게 된다면 일단은 이 고장 주민들의 농업, 임업, 수렵 등을 도우며 생계를 꾸려 나가려고 생각하고 있다.

시골에는 작은 일거리가 무수히 많을 뿐만 아니라 생활비도 도시에 비해 적게 든다. 가령 고치의 깡촌에서 살게 된다면 자동차를 소유한다 해도 마음만 먹으면 한 달에 5만 엔으로 생활할 수 있다. 허풍이 아니다. 내 어시스턴트는 정말 그 정도 생활비로 살고 있다. 그래도 많은 사람과 교류하면서 즐겁게 살고 있는 모습을 보면 '돈이 없는 것'과 '빈곤한 것'은 다르다는 생각을 하게 된다.

시골에서 살 때 크게 안심이 되는 것 중 하나는 '무슨 일이 있어도 식재료는 조달이 가능하다'는 점이다. 재해가 일어나서 고립된다 해도 눈앞에 밭이 있으므로 일단은 먹고살 수 있다. 설령 몸이 움직이지 않아 일을 할 수 없게 되더라도 굶을 걱정은 할 필요가 없을 듯하다. 이런 기본적인 안도감이 있기 때문에 시골에서는 과감한 도전이 가능하다. 무엇을 하더라도, 설령 실패를 하더라도 굶을 걱정은 할 필요가 없다. 도쿄처럼 '일자리를 잃으면 즉시 길거리로 내몰리는' 가혹한 환경이 아니다.

도시에서 사람들이 '초식화', '보수화'되어 가는 것은 당연한 현상이다. 생계 문제를 앞에 두고 위험을 짊어질 수가 없기 때문이다. 그러나 시골에 오면 무엇을 해서든 먹고살 수 있기 때문에 자연스럽게 도전 욕구가 싹트며 나아가 세상에 새로운 가치를 만들어 내고 싶어진다.

산속에서 살면 수도 요금, 가스 요금이 들지 않는다

도쿄 도민은 누구나 비싼 수도 요금을 내고 수돗물을 사용한다. 물은 생활에 꼭 필요한 자원이므로 어쩔 수 없는 일이다. 그런데 우리 집은 수도 요금을 내지 않는다. 고치 현의 산간 지역에서는 '수도 요금 제로'가 드문 일이 아니다. 상하수도가 연결되어 있지 않기 때문에 애초에 요금 시스템이 존재하지 않는 것이다. 그러면 '상수원은 어디서 구해?'라고 의문을 느낄지도 모르겠는데, 그런 것은 산속에 얼마든지 있다. 맑은 물이 있는 곳에서 적당히 끌어 오면 그만이다. 내 어시스턴트는 골짜기의 물을 펌프로 퍼 올려서 사용한다. 비가 내리지 않는 시기가 아무리 계속되어도 물은 끊임 없이 솟아나며, 문자 그대로 물 쓰듯이 쓸 수 있다.

또한 산에서 물을 끌어와서 쓰는 집은 대개 장작을 때서 생활한다. 그러므로 연료비도 줄어든다. 장작으로 쓸 나무는 근처에 얼마든지 있다. 최근에는 이 지역 젊은이들이 나무를 벌채해 장작이 필요한 고령자 세대에 배달하는 사업도 시작했다.

애초에 옛 사람들은 수도도 가스도 전기도 쓰지 않고 생활했다. 아니, 옛날이라고 해 봤자 100년 정도밖에 안 된 이야기다. 수도와 가스가 없어도 사는 데는 전혀 문제가 없다. 이 당연한 사실을 나는 산속에 와서 깨달았다. 또한 집에 태양광 패널을 설치해서 전력을 자급하면 물과 가스, 전기라는 현대적인 인프라의 연결로부터 해방된다. 전선도, 가스 파이프도, 상하수도도 필요 없어진다. 이른바 공공시설을 이용하지 않는 '오프 더 그리드Off the Grid' 생활이다.

시골에 가면 생활 인프라의 형태가 도시와 완전히 달라지며 비용도 그만큼 줄일 수 있다. 그곳에는 도시에서 얻기 힘든 '내 손으로 생활을 설계하는 즐거움'이 있다.

지방 이주를 통해 가혹한 육아로부터 해방되다

아빠, 엄마로 불리는 여러분에게 묻는다. 아직도 도쿄에서 인생을 소모하고 있는가?

　지방은 도시보다 훨씬 육아 환경이 훌륭하다. 지방에서는 어린 이집 '대기 아동' 같은 말은 들어 본 적이 없고, 무엇보다 어린아이 의 부모에 대한 지역 사람들의 태도가 다르다. 고치 현에 와서 놀 란 점인데, 두 살배기 딸을 데리고 공원에 놀러 가면 유치원생부 터 고등학생까지 여러 '언니'들이 먼저 말을 건다. 특히 어린아이 들은 "얘 몇 살이에요?", "이름이 뭐예요?", "(내 카메라를 보고) 얘 랑 같이 사진 찍어 주세요!"라며 적극적으로 다가온다. 도쿄에서 는 해 본 적이 없는 경험이다. 심지어 공원에 같은 또래의 아이가 있어도 교류하는 일이 거의 없었다. 아마도 아이들이 "모르는 사 람한테 말을 걸면 안 돼"라고 교육을 받았는지 가까이 다가오지 않았다. 어쨌든, 이런 분위기 덕분에 고치 현에 온 뒤로 아직 어린 이집도 다니지 않고 있는 우리 딸에게 친구가 생겨 버렸다.

　또 고령자들의 눈길도 매우 따뜻하다. 딸을 데리고 거리를 걷고 있으면 마치 아이돌의 매니저가 된 기분이다. 해변 마을인 도사쿠 레로 놀러 갔을 때는 처음 보는 할아버지 할머니에게 용돈까지 받 았다. 고물상의 할아버지도 "원하는 게 있으면 뭐든 가져가렴"하 고 말씀하시며 딸에게 선물을 주셨다.

　지방에서는 어린이집에 보내기 위해서 순서를 기다릴 필요가

없다는 장점도 있지만, '아이를 둘러싼 사람들의 따뜻한 시선'이
야말로 지방에서 육아를 하며 느낄 수 있는 진짜 장점이다. 도쿄
에서는 아이를 데리고 도심지로 외출을 가기가 상당히 두려웠다.
얼마 전에는 유모차에 탄 한 살배기 아이가 폭행을 당한 사건도
있었다고 들었다. 그러나 이곳에서는 그런 걱정이 전혀 들지 않는
다. 지방은 안심하고 아이를 키울 수 있는 곳이다.

지방에 가면 휴일에 혁명이 일어난다

　육아 이야기를 하니 떠오르는 생각인데, 도쿄에서는 아이가 생
기면 휴일이 전혀 즐겁지 않게 된다. 무엇보다도 아이와 함께 갈
만한 곳이 없다. 그나마 시부야에 있던 실내 놀이터 '어린이의 성'
도 결국은 문을 닫은 모양이다.
　애초에 도쿄 내에서 이동하기가 힘든 탓에 다마 시에서 아이를
키우던 시절에는 근처의 미쓰코시 백화점 부근을 산책하는 것이
고작이었다. 오늘도 미쓰코시, 다음 주도 미쓰코시, 그다음 주도

미쓰코시, 지겨워도 미쓰코시……. 아이를 데리고 전철을 타는 것은 정말 피곤한 일이기 때문에 어쩔 수가 없었다.

그러나 고치 현에 온 뒤로는 휴일이 정말 즐거워졌다. 먼저, 지방에서는 이동의 스트레스가 없다. 전철도 버스도 한산하고, 도심지와 달리 자동차로 막힘없이 이동할 수도 있다. 교통 체증이 없다 보니 자동차가 있으면 아이의 기저귀 교환도, 낮잠도, 수유도 쉽게 할 수 있다. 이곳에서 아이를 키우다 보니 도쿄에서 아이를 키우는 사람들이 존경스러워진다.

또 지방은 구경할 곳도 많다. 고치는 땅이 넓어서 축제와 관광 명소가 가득하다. 과장이 아니라 진심으로 평생에 걸쳐도 전부 즐기기는 무리라고 생각한다. 매주 주말이 될 때마다 가고 싶은 곳이 너무 많아서 곤란할 지경이다. "토요일에 강연을 해 주시겠습니까?"라는 의뢰를 받을 때가 많은데, 특별한 일정이 없으면서도 '그때쯤 어디어디에 축제가 있을 텐데……'라는 생각에 즉답을 못할 정도다.

고치 현에는 '사람들이 모르는 관광 명소'가 많아서 그런 곳을 발굴하는 것도 매우 재미있다. 블로거이기에 그런 곳을 발견하면 더더욱 기분이 좋아진다. 얼마 전에도 고치 현 가미 시의 산속에 갔는데, 한 동네 사람에게 "소문에는 이 산속에 굉장히 큰 폭포가 있다고 하는데, 길이 워낙 험해서 이곳에 사는 사람들도 아직 본 적이 없습니다"라는 이야기를 들었다. 21세기인 지금도 미지의 관광지가 있다니, 고치 현은 정말 굉장한 곳이다.

그에 비하면 도쿄는 휴일에 딱히 할 것이 없다. 특히 어린아이가 있는 가족에게 매우 불친절한 곳이 도쿄다. 아이를 데리고 들어갈 수 있는 가게도 적고, 무엇보다 이동이 너무 힘들다. 직업체험관 키자니아에 한 번 가려면 엄청난 에너지를 소모해야 한다.

지방에 오면 휴일에 혁명이 일어난다. 어디를 가든 한산하므로 줄을 서느라 시간을 허비하는 일도 없다. 게다가 맛있는 음식도 넘쳐난다.

'살아가는 힘'을 키워 주는 지방의 미래형 교육법

이주한 뒤에 자주 받은 질문이 "그런데 시골은 교육 환경이 나쁘지 않습니까? 그건 어떡하실 생각이시죠?"라는 것이다.

그러나 이것은 시대에 뒤떨어진 사고방식이다. 지금은 인터넷을 이용하면 어디에서나 교육을 받을 수 있는 시대다. 가령 리쿠르트 인터넷 입시 학원에 접속하면 유명 강사의 수업을 한 달 수강료 980엔만 내고 스마트폰으로 시청할 수 있다. 이곳의 무료 회원 수는 누계 100만 명을 돌파했다고 한다.

이밖에도 '인터넷으로 언제 어디서나 높은 수준의 교육을 받을 수 있는' 서비스가 놀라운 속도로 확대되고 있다. 최근 수 년 사이 화제가 된 '스카이프 영어 회화(비디오 채팅 시스템을 이용한 초저가 영어 회화 학원)'도 그중 하나다. 고치 현의 한계마을에서도 원어민에게 영어 회화를 배울 수 있다.

"인터넷으로 공부를 할 수 있다고?"라는 목소리가 어디선가 들려오는 것 같은데, 지금은 그런 시대다. 이렇게 말하는 나도 학원에는 전혀 다니지 않고 인터넷 강의만으로 와세다 대학 정치경제학부에 현역으로 합격했다. 그게 벌써 10년도 더 전의 일이다. 당시에도 인터넷으로만 공부해서 최고 수준의 사립대학에 들어갈 수 있었다. 하물며 내 딸이 대학 입시를 볼 때쯤에는 세상이 더욱 진보했을 것이다. 딸이 장래에 "하버드 대학에 가고 싶어요"라고 말하더라도 고치 현의 산속에서 하버드 대학에 진학시킬 자신이 있다.

　교육 환경을 이유로 이주를 망설이는 사람이 있다면 지금 큰 오해를 하고 있다. 입시 공부는 어디에서라도 할 수 있다. 아직도 아이의 입시에 당신의 인생을 소모하고 있는가?

　또한 입시 같은 사소한 문제는 애초에 신경을 쓰지 말아야 한다. 가장 중요한 문제는 아이에게 '살아가는 힘'을 키워 주는 것이다. '살아가는 힘을 키워 준다'는 관점에서 지방은 최고의 교육 환경이다. 가령 내가 사는 모토야마 정에는 큰 회사가 하나도 없다. 주민 대부분이 농가를 포함한 '자영업자'다. 이밖에 나 같은 크리에이터, 아티스트도 있다. 작은 가게를 경영하는 젊은이도 많다. 이런 주변 사람들을 보고 자란 아이에게는 '정장을 입고 취업 활동을 해서 기업에 취직해 넥타이를 매고 일하는' 것이 '당연한 일이 아니게' 될 것이다. 이 마을에서는 아무도 정장을 입지 않기 때문이다. 작업복을 입고 있는 사람이 훨씬 많다.

　이것은 나의 지론인데, 앞으로는 '자영업'을 아이의 미래 직업으로 삼고 키우는 편이 좋을 것 같다. '회사 근무'를 전제로 키우면 점차 아이는 우울증을 향해 질주하게 된다. 입시 우울증, 취업 우울증, 입사 후 우울증……. 고도 경제 성장기에 깔았던 대기업이라는 레일은 이미 망가진 지 오래이므로 여기에 억지로 올라타려 하면 스트레스만 쌓일 뿐이다.

　내 딸에게 특별히 바라는 것은 없지만, 그래도 바라는 것이 하나 있다면 나중에 '작은 장사'를 해 봤으면 한다. 딸이 초등학생이 되면 이벤트로 작은 가게를 경영하게 할 생각이다. 마침 우리 집에 영업용 젤라토 제조기가 있으니 이 지역의 우유와 과일을 사용한 젤라토 가게를 열면 좋지 않을까 싶다. 가격 설정과 접객은 전부 딸에게 맡길 것이다. 나는 그저 뒤에서 흐뭇하게 지켜보다 영업이 끝나면 "지금처럼 하다 보면 이익률이 점점 낮아지지 않을까?"라고 조언만 해 줄 것이다.

　이 마을에는 작은 가게를 운영하고 있는 사람이 많기 때문에 아이가 직접 배울 곳이 많다는 것도 장점이다. 내가 꿈꾸는 이런 '작은 장사' 교육이 실제로 지금 이 마을에서 진행되고 있으며, 최근에는 초등학생이 가게를 낼 수 있는 '산속의 어린이 마르셰'라는 이벤트도 시작되었다. 내 친구의 초등학생 아들은 세탁용 풀과 색수色水로 만드는 '체험형 슬라임(slime, 여러 액체 재료를 섞어 고체 젤리 형태로 만든 장난감 – 편집자) 공장'을 경영해 반나절 만에 4,000엔의 매출을 올렸다. 가게가 오픈할 때마다 점점 수준이 높아지고 있으니 그 아이가 중학생이 될 무렵에는 하루 매출 5만 엔 정도는 벌어들일 수 있게 될 것 같다.

　시골일수록 회사원의 수는 줄고 자영업자의 수가 늘어난다. 나는 이것이 매우 좋은 환경이라고 생각한다. 내 딸이 몸과 마음 모두 건강하게 살았으면 하기에, 어떤 일을 하든지 '의지만 있으면 스스로 장사를 시작할 수 있는' 능력과 자세를 키워 주고 싶다. 다 큰 어른이 '자기 혼자의 힘으로 물건을 판 적이 없다'는 것은 너무나 창피한 일이기 때문이다.

마음이 풍요로워지는 나눔 문화

지방에는 '나눔' 문화도 남아 있다. 고치 시에 살 때는 어업과 관련된 일을 하는 이웃이 종종 어패류를 나눠 줬다. 신선한 '꼬치고기', 전복을 닮은 고급 식재료인 '오분자기', 진귀한 과일 '산복숭아'를 받았을 때는 정말 감동했다. 특히 오분자기는 슈퍼마켓에서 사려고 하면 상당한 금액(100그램에 800엔 정도)을 지불해야 하는 식재료인데, 비닐봉지를 받은 순간 '어? 이거 못해도 5,000엔어치는 되겠는데? 이렇게 많이 받아도 되는 건가?'라는 생각이 들었다.

그런데 이야기는 여기에서 끝이 아니다. 아직 살아 있는 오분자기를 손질해서 다 먹었을 때쯤 누군가가 초인종을 눌렀다. 그 이웃이었다. '무슨 일이지?'라고 생각하며 문을 열었는데, "이거 받으세요"라며 오분자기를 넣고 지은 밥과 오분자기 조림, 엉겅퀴 튀김을 내밀었다. '거짓말 마'라고 말하는 사람이 있을지 모르겠지만 이것은 엄연한 실화다. 참으로 부담스러울 정도의 나눔 문화다. 게다가 그때 살던 곳은 어촌 마을도 아니고 고치 시내의 평범한 아파트였다.

작년 햅쌀이 출시될 시기에는 여러 곳에서 쌀을 받았다. 덕분에 11월부터 2월까지 쌀을 살 일이 없었다. 기대하고 있는 것은 아니지만 올해도 여기저기서 햅쌀을 받게 될 것 같다.

지금은 산속에 살고 있기 때문에 나눔의 수준과 빈도가 더욱 높아졌다. 아예 일상적으로 식재료를 얻고 있다. 여기에다 먼 곳에서 우리 집으로 찾아오는 친구도 선물을 들고 오기 때문에 식재료와 술이 점점 쌓여 가고 있다. 도쿄에서는 있을 수 없는 상황이다.

그리고 이제 밭이 딸린 집에서 살고 있으니 앞으로는 나도 사람들에게 무엇인가를 나누어 줄 수 있게 되었다. 실제로 지금도 눈앞에 푸성귀가 대량으로 자라고 있다. 너무 많이 심었기 때문에 고치 시내에 사는 어시스턴트에게 나눠 주려고 생각하고 있다. 물론 농약은 전혀 사용하지 않았다.

오크라로 도미를
낚은 이야기

참으로 재미있는 것은 이런 '증여 경제'의 형태다. 시골에서는 도쿄와는 또 다른 '나눔'을 중심으로 한 경제가 확실히 기능하고 있다. '돈은 오가지 않은 채 가치를 교환하는 일'이 지극히 당연하게 일어난다.

나는 고치 시내의 사찰에 계신 스님과 친하게 지내고 있는데, 그 분의 의뢰로 그 사찰에서 4회 연속 마케팅 강좌를 열었다. 개인적으로 매우 좋아하는 분이어서 이때는 무상으로 의뢰를 받아들였다. 그런데 재미있게도 강좌를 마칠 때마다 그분이 내게 술이나 케이크를 주셨다. 케이크는 그분이 경영하는 카페에서 만든 것이었다. 나는 무상으로 강좌를 열고, 그 대가로 누군가가 정성 들여 만든 술과 케이크를 받는다. 참으로 마음에 드는 관계다.

오크라(okra, 여자 손가락 모양과 비슷해 레이디 핑거라고 불리는, 풋고추와 비슷한 별 모양의 채소-편집자)를 재배하는 '쓰쓰미 농원'의 주인이 재미있는 이야기를 해 줬다. 그는 출하 시기가 되면 농장에 놀러 온 사람에게 오크라를 나눠 준다고 한다. 나도 받은 적이 있는

데, 역시 전문적으로 오크라를 재배
하는 농가라서 굉장히 맛이 좋았
다. 어쨌든, 그렇게 오크라를
나눠 주다 보면 생각지 못한 타
이밍에 '보답'을 받을 때가 있
다고 한다. 특히 얼마 전에는
취미가 낚시인 분에게 "오크라
를 받은 답례입니다"라는 말과 함께 커다란 도미를 선물받았다고
한다. 오크라가 도미로 변한 것이다.

　재미있는 점은 쌍방이 느끼는 가치다. 낚시를 하는 사람에게
는 도미가 그다지 귀한 생선이 아니므로 부담 없이 나눠 줄 수 있
을 것이다. 하지만 그에게 오크라는 귀한 식재료이므로 나눔을 받
으면 기쁠 수밖에 없다. 한편 오크라 농가에서 오크라는 얼마든지
있으니 역시 부담 없이 나눠 줄 수 있는 식재료다. 그러나 도미는
좀처럼 손에 넣을 수 없으므로 나눔을 받으면 매우 기쁠 수밖에
없다.

　쓰쓰미 씨는 "그런 놀라움과 기쁨은 증여 경제의 커다란 특징
입니다"라고 열변을 토했다. 오크라와 도미의 교환 과정에서 돈은
단돈 1엔도 유통되지 않았지만 커다란 가치가 교환된 것이다.

산속에서 살기 시작한 뒤로 건강해졌다

산속으로 이사한 뒤로 감기에 걸리지 않게 된 기분이 든다. 생활 리듬이 규칙적이 된 것, 맛있는 채소를 많이 먹게 된 것, 주위에 사람이 적은 것과 관련이 있는 듯하다.

지금까지는 1년에 대여섯 번은 감기에 걸렸는데, 산에서 살기 시작한 지 약 5개월 동안 매일 건강하게 살고 있다. '겨우 5개월?' 이라고 생각할지 모르겠지만, 이것은 지금까지 내가 살아온 29년 동안 최장 기록이다. 원래 몸이 그렇게 건강한 편은 아니어서 항상 감기에 시달려 왔다. 세상에는 나처럼 아무리 조심해도 감기에 걸리는 사람이 있다.

얼마 전에 딸과 아내가 가볍게 감기에 걸렸다. '이거 나도 반드시 옮겠군'이라고 생각했는데, 별다른 이상은 나타나지 않았고 그러는 사이에 아내와 딸도 감기가 깨끗하게 나았다. 산속 생활 덕분에 기본적인 면역력 같은 것이 높아졌는지도 모른다.

나는 이 '건강해진다'는 것이 시골 이주의 최고 장점이라고 생각한다. 활동할 수 있는 시간도 늘어나고 기분 좋게 생활할 수 있다.

속는 셈 치고 산속에서 한 달 정도 살아 보기 바란다. 몸 상태가 달라짐을 확실히 깨달을 것이다. 물도 공기도 다르기 때문이다.

또 '피부가 좋아졌다'는 이야기도 자주 듣는다. 내 지인은 아토피로 고민하고 있었는데 산속으로 이사한 뒤 증상이 상당히 개선되었다. 만성 위염을 앓고 있던 분도 "이주한 뒤로 증상이 가벼워졌습니다"라는 이야기를 들려주셨다. 시골살이가 정신 건강에도 좋은 모양이어서, 우울증 증상으로 고민하던 공무원 출신의 어시스턴트는 고치 현에 온 뒤로 기분이 상쾌해졌다며 좋아하고 있다.

몸과 마음의 건강에 불안감이 있다면 한두 달이라도 좋으니 요양을 겸해서 시골로 이주할 것을 검토해 보기 바란다. 고치 현에 그렇게 단기간 체류하며 요양할 수 있는 거점을 만들려고 생각 중이니 블로그에 소식이 올라오기를 기다리기 바란다.

시골로 이주한 뒤로 부부 관계가 좋아졌다

원래 비교적 사이가 좋은 편이기는 했지만, 고치 현으로 이주한 뒤 아내와의 관계성이 더욱 돈독해지고 발전했다. 아내가 전보다 훨씬 믿음직스러워진 것이다.

나는 앞에서도 이야기했듯이 커뮤니케이션 능력이 부족하다. 사람의 얼굴을 전혀 기억하지 못하고, 이메일을 받아도 답장을 보내지 않으며, 인사차 이웃집을 돌아다니는 것도 잘 못한다. 싫어하는 사람도 많고 좋아하는 사람하고만 있으려고 한다. 성격이 이렇다 보니 새로운 지역 사회에 융화되는 것도 쉬운 일이 아니지만, 다행히 내게는 아내가 있었다. 아내는 나보다 커뮤니케이션 능력이 뛰어나고 사람의 얼굴을 잘 기억한다. 이메일 답장도 나보다 성실하게 하는 편이어서 큰 도움이 된다. 게다가 요리도 꽤 잘한다. 나는 요리를 전혀 못하는데 말이다.

이곳으로 이주한 뒤로 아내와 '역할 분담'을 하게 되었다는 느낌을 받는다. 내 역할은 돈을 벌고 외부와의 접점을 늘리는 것이다. 한편 아내의 역할은 맛있는 밥을 지어 우리 가족을 보필하고 나와 외부 세계를 연결해 주는 것이다. 시간이 지나면 역할도 바뀌겠지만, 지금은 이런 식으로 매우 잘 기능하고 있다.

도쿄에서 살던 시절에는 여유가 없었기 때문에 이런 '역할'을 의식할 정도로 서로의 관계성이나 전문성을 갈고닦을 수가 없었다. 그러다 새로운 환경으로 와서 새로운 자극을 받자 '내 강점은 무엇일까?'를 생각할 수 있게 되었고, 이것을 바탕으로 관계성을 만들어 나갈 수 있었던 것이 아닐까 싶다. 지금 도쿄에서 인생을 소모하며 서로 으르렁대고 있는 부부도 지방에서 살면 관계가 개선될지 모른다.

이 효과에 대해서는 아직 다른 사람에게 많이 듣지 못했기 때문에 계속 조사해 보려고 생각 중이다. 어쨌든 우리 집에서는 시골 이주가 부부 관계의 발전으로 이어졌다.

지방에서 인간으로서의 '정상적인' 상태를 되찾다

지금까지 지방 이주의 여러 가지 장점을 소개했는데, 여기에는 단 한 점의 거짓말도 과장도 없다. 내가 운 좋게 좋은 곳에 이주한 것도 있지만, 지금껏 특별히 불쾌한 일을 겪은 적 없이 매일 행복하게 살고 있다. 이것은 지방이 풍요롭기 때문이기도 하지만 사실 도쿄가 '비정상적'이기 때문일 것이다. 익숙함과 무지 탓에 그 비정상을 당연한 것으로 받아들이는 사람도 매우 많지만…….

잠시라도 좋으니 비정상적인 도쿄를 떠나 인간으로서 정상적으로 살 수 있는 지방에서 살아 보기 바란다. 실천에 옮겨 보면 이 책에서 한 말의 의미를 이해할 수 있을 것이다. 그리고 환경의 차이를 하나둘씩 느끼다 보면 도쿄에 들러붙어 있을 이유가 없음을 몸으로 깨닫게 될 것이다.

제4부 없는 것투성이기에
더더욱 기회의 땅인 지방

- 이케다 하야토식 비즈니스 소개

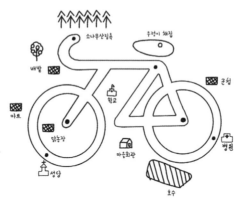

나는 처음부터 바로 산속 마을로 이주하기보다 지방의 중심 도시로 먼저 이주하는 '단계별 이주'를 계획했다. 내가 처음 이주했던 고치 시는 시내 중심에 모든 것이 모여 있는 콤팩트 시티여서 자전거 한 대로도 얼마든지 생활할 수 있었다. 이곳에 와서야 나는 도쿄에서는 절대 알 수 없는 제대로 된 시골 빈집의 정보를 얻을 수 있었다.

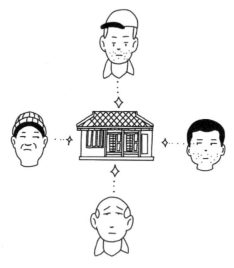

현지 문화나 관습에 대한 이해 없이 시골 생활에 대한 막연한 환상을 품고 내려왔다가 현지인들과 끊임없이 불화하다가 학을 떼며 떠나는 경우가 많다. 이주에 실패하는 전형적인 패턴이다. 단계별 이주는 이런 불상사를 막는 데도 큰 도움을 준다.

지방에서는 하고 싶은 일이 끊임없이 떠오른다

앞에서도 이야기했듯이 나는 지방에 온 뒤로 연수입이 크게 늘었다. 그리고 이렇게 되자 벌어들인 돈으로 '하고 싶은 일'이 끊임없이 머릿속에 떠오르게 되었다. 산을 사고 싶다, 온천을 파고 싶다, 게스트 하우스를 만들고 싶다, 캠핑카를 주차시키고 캠핑을 할 수 있는 RV^{recreational vehicle} 파크를 만들고 싶다, 포도를 키워서 와인을 만들고 싶다 등등 매일같이 새로운 기획이 머릿속에 떠다닌다.

도쿄에서 살던 시절에는 하고 싶은 일이 잘 떠오르지 않았다. 의외로 도쿄에서는 욕망이 거세되는 것이다. 도쿄라는 좁아터진 도시는 한 사람이 본래 지니고 있는 욕망과 창조성을 받아들일 만한 그릇이 못 된다.

제4부에서는 내가 이곳에 와서 느끼고 있는 '두근거림'을 여러분에게 전하려 한다. 이곳은 창조성을 폭발시키기에 최적의 장소인 것이다.

도쿄에서 '하고 싶은 일을 찾지 못하는 것'은 당연한 일이다

나는 고치 현에 이주한 뒤로 매우 욕심쟁이가 되었다. 지금 하는 사업을 억 엔 단위로 성장시키고 싶고, 앞으로 하고 싶은 일도 무수히 많다. 재미있는 일을 끊임없이 시도하고 싶다. 그러려면 많은 돈이 필요하다. 그래서 이런 책을 써서 돈을 버는 것이다(많이 팔리기를 기도한다!).

이런 말을 하면 '타고난 육식계 청년이군!'이라고 생각할지 모르는데, 도쿄 시절에는 전혀 그렇지 않았다. '사업 규모는 1,000만 엔이면 차고도 넘친다', '사람을 고용하는 일은 절대 하고 싶지 않다', '돈이 있어도 쓸 곳이 없다' 같은 초식 스타일의 가치관을 품고 있었다. 불과 1년 반 전에는 이렇게 지금과 정반대의 생각을 했던 것이다.

과거의 내가 그런 생각을 했던 것은 당연한 일이었다. 도쿄에서는 사업 규모를 키우기가 어렵고, 공간이 제한되어 있어 '하고 싶은 일'도 떠오르지 않았다. 사람을 고용할 자금 여유가 있는 회사도 얼마든지 있으므로 굳이 내가 애써서 고용을 창출할 필요도 없었다. 실제로 우수한 학생들은 번듯한 회사에 취직했다.

그러나 고치 같은 시골에는 고용을 창출할 수 있는 사람이 없다. 그래서 우수한 젊은이들이 현 밖으로 유출되고 있다. 그들이 고치 현을 사랑하고 고치 현을 위해 무엇인가를 하고 싶어 함에도 말이다. 이것은 안타까운 일이다. 그러므로 그나마 '뭐라도' 할 수 있는 상황인 나 같은 사람이 나서서 '뭐라도' 해야 한다. 돈을 더 많이 벌어서 젊은이를 고용해야 한다.

또 고치 현에는 토지나 빈집을 비롯한 지역 자원이 남아돈다. 그리고 그런 자원들을 무료 혹은 매우 저렴한 가격에 손에 넣을 수 있다. 알기 쉬운 예를 들면, 내 지인은 고치 현에서 '산을 받았다'고 한다. 산이다, 산. 시골에서는 산이 남아돌기 때문에 이렇게 얻을 수도 있는 것이다. 1제곱킬로미터(약 30만 평) 정도 되는 산의 토지를 대략 100만 엔에 산 사람의 이야기도 들었다. 이 책을 읽고 있는 여러분도 산을 살 수 있다. 무엇을 망설이는가?

빈집도 상당히 남아돈다. 밭과 산이 딸려 있고 바로 입주 가능한 좋은 조건의 빈집도 300만 엔이면 손에 넣을 수 있다. 여러분이라면 광대한 부지의 빈집을 어떻게 사용하겠는가?

여기저기에 경작을 포기한 땅이 널려 있는 것은 말할 필요도 없

다. 논도 저렴한 가격에 구입 가능한 모양이어서, 100만 엔만 있으
면 대지주가 될 수 있다. 광대한 논과 밭의 지주가 될 수 있다. 두
근거리지 않는가?

재미있는 점은 어촌에 가면 '배'가 남아돈다는 것이다. 고령이
된 어부가 더는 탈 수 없어 놀리고 있다는 것이다. 이런 '빈 배'를
모아도 재미있는 일을 할 수 있을 것 같다.

이렇게 시골은 무엇인가를 시도하기에 최고의 공간이다. 쓸 만
한 자원이 누구의 관심도 받지 못한 채 잠자고 있다. 창조적인 사
람일수록 '이런 걸 시도해 보고 싶어!'라는 생각에 흥분되는 하루
하루를 보낼 수 있을 것이다.

'이케하야 상점'을 시작하다

지금부터 고치 현에 온 뒤로 생겨난 '하고 싶은 일'을 이야기하
려 한다. 매일매일이 두근거림의 연속이다.

먼저, 지금 소개할 것은 실제로 시작한 기획이다. 내 블로그에

서 '판매'를 개시했다. 직접 상품을 매입해 내 블로그에서 판매하는 신규 사업이다. 도쿄 시절부터 하고 싶은 일이었는데 고치 현으로 와서 마침내 실현할 수 있게 되었다.

상품 제1탄은 나와 같은 고치 레이호쿠 지역에 사는 세계적인 아티스트 가와하라 쇼타川原将太, 일명 'SHOTA'의 도자기다. 앞서 판매한 상품은 두 시간 만에 전부 팔렸고, 얼마 전에 새로 작품을 매입했으니 매달 몇 점 정도씩 블로그에서 판매하려 한다. 멋진 예술 작품이므로 개성 넘치는 그릇이 필요한 사람은 꼭 블로그에 들어와 보기 바란다.

다음에 팔고 싶은 것은 '내가 키운 채소'다. 우리 마당의 밭에서도 채소를 키울 수 있고, 어시스턴트의 집에도 광대한 밭이 있으니 먼저 그곳에서 키운 채소를 가공해 판매하려고 계획 중이다. 다만 무엇을 키워서 파느냐가 문제인데, 농업에 완전히 초보인 우리도 고추라면 그나마 키울 만할 것이라는 이야기를 들었다. 그래서 일단은 고추를 키워서 수확한 다음 건조시켜 '불타올라라! 파이어 고추'라는 이름으로 팔아 볼까 한다. 또 근처에서 아와모리(오키나와의 특산주 – 옮긴이)를 만들고 있으니 고추를 아와모리에 담가서 오키나와풍 조미료로 만들어도 좋을 것이다(이름은 '파이어 아와모리'가 어떨까?). 내년 여름에는 본격적으로 고추를 키울까 생각 중이니 기대하기 바란다.

그 밖에도 고치 현에는 훌륭한 상품이 다수 잠들어 있다. 내가 재고의 리스크를 안고 이 자고 있는 상품들을 매입하는 형태로 판매 사업을 확대할 예정이다. 무엇보다 창고 비용이 들지 않으므로 도쿄에서보다는 리스크가 적다. 의류나 가죽 액세서리 등의 판매를 기획해도 재미있을 것 같다. 마음만 먹으면 판매 사업만으로 연간 매출 1억 엔을 달성할 수 있을 것으로 보이니 앞으로 지켜보기 바란다.

'탁주 닷컴'으로 연간 매출 1억 엔을 꿈꾸다

기왕 말이 나온 김에 좀 더 이야기하면, 시골에는 정말로 '잠들어 있는 명산품'이 많다. 아직 이주한 지 1년 반밖에 안 되었음에도 '이거 인터넷에서 팔면 대박 칠 거 같은데?'라는 상품을 얼마나 많이 만났는지 모른다. 가령 오토요 정에서 생산되는 '탁주 데루

輝'는 말로 설명할 수 없을 만큼 맛있는 탁주로, 전국 규모의 품평회에서 '일본 최고'의 칭호를 획득했다. 일본 최고의 탁주를 만드는 사람이 고치 현의 산속에서 살고 있는 것이다.

그런데 놀랍게도 이 양조장 주인은 인터넷 판매를 하지 않고 있었다. 게다가 인터넷 판매를 하고 있지 않은 양조장은 이곳만이 아니어서, 맛있는 탁주를 현지에서만 살 수 있는 상황이다. 나는 이것이 참으로 안타까웠다. 도시에 사는 여러분도 일본 최고의 탁주를 마셔 보고 싶지 않은가?

'탁주 데루'의 가격은 4홉들이 한 병에 1,700엔인데, 내가 보기에는 한 병에 5,000엔을 불러도 팔릴 것 같다. 전문가에게 일본 최고라는 평가를 받은 술인 데다, 실제로 맛이 끝내준다. 우리 집에 손님이 오면 항상 이 탁주를 대접하는데, 다들 그 맛에 감동받았다. 어떤 회사의 사장은 너무나 마음에 든 나머지 집 근처 슈퍼마켓에 남아 있던 재고를 전부 사서 돌아갔다.

술이라는 것은 참으로 좋은 콘텐츠여서, 정말 좋은 술이 있으면 다소 비싸더라도 날개 돋친 듯이 팔려 나간다. 고치 현에는 모두가 인정하는 맛있는 탁주가 있으므로 이것을 인터넷에서 판매하는 '탁주 닷컴'을 만들어 운영하고 싶다. 이것도 연간 매출 1억 엔은 가능하지 않을까 생각한다.

거대한 자본주의 시스템이 돌아가지 않고 있는 지방에는 '도쿄였다면 이미 누군가가 손을 댔을 비즈니스'가 그대로 남아 있다. '인터넷 탁주 판매' 역시 아무리 생각해 봐도 돈이 될 만한 비즈니스이므로 도쿄였다면 이미 누군가 하고 있을 것이다. 그러나 지방에는 인터넷에 해박한 사람이 없기 때문에 그대로 방치되어 있다. 인터넷의 세상인 21세기임에도 말이다.

여담이지만, 탁주는 본인 의지만 있으면 직접 제조·판매가 가능하다. 본래 주류 제조는 규제 대상이지만, '농가 민박·농가 레스토랑'을 경영하는 사람에게는 예외다('탁주 특구'). 예컨대 내 집을 농가로 만들어 민박을 경영하면 '이케하야 탁주'를 만들 수 있는 것이다. 지금 실행을 목표로 움직이고 있으니 조금만 기다려 주기 바란다. 틀림없이 맛있는 탁주가 만들어질 것이다. 블로그의 수익과 사재를 쏟아부어서 맛있는 탁주를 만들 생각이다!

'블로그 서생'이
되지 않겠는가?

현재 실현한 또 다른 기획은 '블로그 서생'이다. 메이지 시대를 배경으로 한 소설을 읽으면 선생의 집에서 살면서 창작 활동에 매진하는 '서생'이 등장한다. 이것의 현대 버전, 블로그 버전을 실현한 것이다. 현 시점에서 블로그 서생(다시 말해 어시스턴트)은 세 명으로, 나는 그들에게 이른바 '기초 수당'이라고도 할 수 있는 최소한의 생활비(10~13만 엔)를 주고 있다. 정사원 고용이 아니라 업무 위탁을 기반으로 한 관계다. 과거의 '서생'처럼 동거는 하지 않고, 고치 현 내의 살고 싶은 곳에서 살게 하고 있다. 교통비와 취재 사례비, 카메라, 스마트폰 구입비 등 기사 제작에 필요한 경비는 내가 부담한다.

내가 바라는 것은 각지를 돌아다니며 블로그에 올릴 기사를 쓰라는 것뿐이다. 아주 가끔 경리 등 사소한 일을 의뢰할 때도 있지만, 이것은 어디까지나 예외적인 경우이고 기본적으로는 자유행동이다. 우리 블로그의 일을 시킨다기보다는 오히려 능동적으로 이 지역에서 일거리를 찾게 하는 것이 목적이다. 상당히 양심적인 기업이라고 생각한다.

　그래서 그들이 쓴 기사 중에 양질의 콘텐츠는 그때그때 편집해서 내 블로그에 올린다. 서생들은 이미 히트 기사를 다수 만들어 냈으며, 특히 '사와다 맨션'의 밀착 리포트는 조회 수 5만 회 이상의 인기 콘텐츠가 되었다. 앞으로 서생들의 글쓰기 수준이 향상된다면 우리 블로그에 대한 공헌도는 더욱 높아질 것이다.

　블로그 서생들을 굳이 거친 표현을 사용해 비유하자면 '내가 키우고 있는 진귀한 짐승들'이다. 그들에게 생활비를 주고 방목해 놓으면 알아서 재미있는 콘텐츠를 모아 오며, 그 결과 내가 이용할 수 있는 공간도 넓어진다.

　실제로 블로그 서생 중 한 명인 야노 다이치 씨는 넓은 빈집을 구했는데, 나도 그곳을 이벤트나 농작물 재배 등으로 유용하게 활용할 예정이다.

　나는 앞으로도 '블로그 서생'을 늘려 나갈 방침이며, 그들을 고치 현 전 지역에 살게 한다는 구상을 하고 있다. 이것이 실현된다면 고치 현의 폭넓은 정보가 내 블로그에 모일 것이다. 그다음에는 시코쿠 각지에 살게 한다는 구상도 하고 있다. 신문사가 각지에 '지국'을 두는 것과 같은 식이다.

　부정기적으로 블로그 서생을 모집할 예정이니 '1~2년 동안 블

로그 수업을 배우면서 고치에서 생활하고 싶은' 사람은 내 블로그
를 수시로 확인하기 바란다.

'우울증 마을'을
만든다

　이것은 아마도 논란이 될 것 같지만, 나는 이곳에 '우울증 마
을'을 만들고 싶다.

　먼저 넓은 빈집을 확보한다. 그리고 가벼운 수준의 우울증 환
자 1~3명 정도를 함께 살게 한다. 공동생활은 어려우리라고 생각
하므로 한 사람 한 사람의 사생활이 확보되도록 공간을 준비한다.
그들에게는 빈집의 개보수나 방치된 경작지의 개간, 농작물의 가
공 판매를 돕게 한다. 물론 우울증 환자이므로 작업 강도를 낮은
수준으로 제한한다. 일하기 싫으면 일하지 않아도 된다. 애초에
빈집도 경작지도 방치되어 있던 것이므로 손보지 않는다 한들 아
무런 문제도 없다. 일단 할 일은 있으니 하고 싶으면 알아서 하라
는 식이다.

다만 '블로그를 쓰는 것'은 필수 요건으로 삼으려 한다. 블로그
에 글을 쓰는 것 자체가 바깥세상과 연결하는 귀중한 수단이며,
또 자신을 돌이켜 볼 기회도 된다. 게다가 접속자 수가 늘어나면
광고로 돈도 벌 수 있다. 나는 블로그가 우울증 요양에 최고의 도
구라고 생각한다.

'우울증 마을'은 가벼운 우울 증상이 있는 사람을 모으는 것을
전제로 한 계획이지만, 의료 관계자의 지원도 받으려고 생각 중이
다. 이러한 구상을 블로그에 밝혔더니 복수의 의료 관계자가 "뭔
가 도울 일이 있다면 협력하겠습니다"라는 고마운 제의를 해 주셨
다. 원격 카운슬링 같은 방식도 늘어났으니 한계마을에 산다고 해
도 나름의 의료 지원은 가능하다는 것이다.

버려진 한계마을의 빈집에 우울증 환자가 모인다. 그들이 빈집
과 방치된 경작지를 부활시키고, 그 생활 모습을 블로그를 통해
세상에 알려서 돈을 벌며 건강한 몸과 마음을 되찾아 간다. 이것
이 '우울증 마을'에 대한 나의 청사진이다. 시골은 생활비가 저렴
하므로 이런 '마을'도 충분히 만들 수 있다고 생각한다.

'그런 걸 하면 지역 주민들에게 반발을 사지 않을까?'라고 생각
할지도 모르겠다. 그러나 고치 현은 어떤 의미에서 특수한 지역이
라 이미 과소화가 진행될 대로 진행되어 소멸 직전에 몰렸거나 이

미 소멸된 마을도 있다. 과격한 표현이기는 하지만 지역 주민들도 버린 지역이다. 그런 마을은 생각하기에 따라서는 파라다이스 같은 곳이어서, 별다른 속박 없이 자신만의 공간을 만들 수 있다. 애초에 사람이 살고 있지 않으니 '지역 주민과의 알력' 같은 문제가 일어날 일이 거의 없다.

　앞으로 일본 전역에 소멸 직전이거나 소멸된 마을이 증가할 것이다. 우리는 그런 곳에 '새로운 마을'을 만들 수 있다. 흥분되지 않는가? 빈집이 있다. 논과 밭, 산도 있다. 태양광 패널이 있으면 전기 문제도 해결된다. 요즘은 어지간한 산속에서도 휴대 전화를 사용할 수 있다. 인프라는 충분하다. 남은 것은 실행뿐이다.

　나는 먼저 '우울증 마을'을 만들고, 이어서 '무직자 마을', '노숙자 마을', '육아 마을' 등 다양한 주제를 앞세워서 마을을 만들 계획을 세우고 있다. 미래에는 '마을 크리에이터'라고 적힌 명함을 가지고 다니게 될지도 모르겠다.

빈집을 '민박'으로 만들어 외국인 관광객을 불러들인다

지금부터 이야기할 것은 비교적 난이도가 낮은 사업 기획이다. 빈집을 수리해 '민박'으로 만들어 돈을 버는 것이다. 여러분도 따라해 보기 바란다.

마침 대외적인 여건도 좋아서, 아베 정부는 도쿄 올림픽이 열리는 2020년까지 연간 2,000만 명의 외국인 관광객을 유치하겠다고 발표했다. 2011년에 622만 명이었던 외국인 여행자의 수는 2012년에 836만 명, 2013년에 1,036만 명, 2014년에는 1,341만 명으로 꾸준히 증가해 왔다. 2015년에는 1월부터 7월까지 1,106만 명이 일본을 찾아왔으며, 2015년 하반기까지 합친 전체의 외국인 여행자 수는 1,800만 명을 넘을 것으로 예상된다.

이렇게 되자 문제로 떠오른 것이 '호텔 부족'이다. 올림픽이라는 대형 이벤트가 열릴 것을 감안하면 호텔의 수가 명백히 부족하다. 그래서 나온 대안이 '민가에 묵게 하는 방법', 요컨대 흔히 말하는 '민박'이다. '민박'의 경우 현재 각종 법률로 묶여 있기 때문에 완전히 자유화된 상태는 아니다. 그러나 현재 법률의 틈새를 비집고 성황을 이루고 있는데, 예컨대 미국에서 개발된 플랫폼인 '에어비앤비airbnb'에 들어가 보면 '자신의 집을 숙박용으로 빌려주고 있는' 사람이 일본 전역에 있음을 알 수 있다. 에어비앤비는 전 세계에서 사용되고 있는 플랫폼이므로 외국인 관광객을 불러 모으기에는 더할 나위 없는 완벽한 수단이다. 실제로 시코쿠에는 외국인 여행자를 대상으로 매달 100만 엔의 수익을 올리는 사람이 있다. 나도 그 사람처럼 빈집을 개보수해 간이 숙박소 허가를 받은 다음 에어비앤비에 올려서 손님을 불러 모을 계획이다.

'개보수한 빈집을 에어비앤비에 올려서 돈을 버는' 것은 거의 모든 지역에서 가능한 방법이다. 시골에서 생활하고 싶지만 일자리가 없어서 고민하는 사람은 검토해 볼 만한 제안이다. 에어비앤비 사이트를 살펴보면 사례는 얼마든지 있으니 선배들에게 배우면서 도전해 보기 바란다.

산을 사들여
캠프장을 경영한다

앞에서 이야기했듯이 산을 구매하기는 그리 어렵지 않은데, 그 산을 이용해 해 보고 싶은 것이 많다. 먼저, 캠프장을 만들까 생각하고 있다. 단순한 캠프장이 아니라 캠핑카나 대형차를 몰고 와서 장기 체류도 할 수 있는 이른바 'RV 파크'다. 일본에는 장기 체류가 가능한 캠핑장이 그다지 없기 때문에 고치 현에 그런 캠핑장을 만들고 싶다. 1~2주 동안 체류하면서 시코쿠의 요리와 레저를 경험하게 한다는 발상이다. 지금은 나처럼 '장소에 구애받지 않고 일할 수 있는 사람'이 늘어나고 있으므로 이런 시설을 만들면 '한 달 이상 장기간 RV 파크에서 일도 하면서 느긋하게 생활하는' 사람도 생길 것으로 예상된다.

RV 파크의 좋은 점은 재해가 발생했을 때 피난처로도 이용할 수 있다는 것이다. 실제로 외국에서는 재해까지 감안하여 RV 파크를 만든 사례도 있다고 한다. 고치 현은 언젠가 남해 트로프 거대 지진(깊이 4,000미터 급의 해구인 남해 트로프를 따라 넓은 진원지에서 연동해서 일어나는 진도 9.0급의 지진 – 편집자)이 발생할 것이 거의 확실한 상황이므로 레저와 지진 예방, 지진 피해 감소 기능을 겸비한 캠핑장을 만들면 지역 사회에도 도움이 될 것이다.

아직 수익성은 계산하지 않았지만, 어차피 산의 가격이 저렴하므로 다소 개발에 돈을 들이더라도 빠른 시일 내에 흑자화가 가능할 것으로 예상된다.

먼저 자동차 두세 대가 머물 수 있는 '사적인 RV 파크'를 만드는 것이 좋을 듯하다. 그리고 수익성이 보이면 재해가 발생할 경우를 예상하며 조금씩 부지를 넓혀 개발을 진행해도 될 것이다. 아, 물론 먼저 산을 사야겠지만.

타이니 하우스 마을은 반드시 유행한다

최근에 미국을 중심으로 '타이니 하우스'가 유행하고 있다. 이것은 '아주 작은'이라는 뜻의 '타이니tiny'라는 이름처럼 트레일러에 연결해 운반할 수 있을 만큼 매우 작은 집이다. 타이니 하우스의 유행 물결은 이미 고치 현까지 다다라서, 나카 히로후미中宏文

라는 건축가는 고치 현 야스다 정의 해변에 타이니 하우스를 직접 지었다. 나카 씨는 자신의 손으로 타이니 하우스를 만드는 데 그치지 않고 개인이 직접 타이니 하우스를 짓는 방법을 배울 수 있는 강좌를 열었다. 이름은 '집 짓기 교습소'이며, 캐치프레이즈는 '스무 살이 되면 집을 짓자'이다. 정말 멋지지 않은가?

제1기 강좌가 얼마 전에 끝났는데, 전국에서 신청이 쇄도했다. '한 달 동안 고치에 살면서 20만 엔을 내고 집 짓는 방법을 배운다'라는 비교적 참가 난이도가 높은 프로그램임에도 말이다. 대중의 '집 짓기'에 대한 높은 관심을 느낄 수 있었다.

나카 씨는 '집 짓기 교습소'를 다른 지역으로 확대할 생각이라고 하며, 이미 제2기 강좌 이후의 계획도 진행 중인 모양이다.

그런데 이 프로그램의 인기를 생각하면 내가 산이나 빈 땅을 산 다음 그곳에 교습소를 열어 수익을 올리면서 타이니 하우스 마을을 만드는 것도 가능하지 않을까 싶다. 예쁜 타이니 하우스가 나란히 지어진 공간이 생기면 그곳은 관광 명소가 될 것이다. 현 밖에서, 일본 밖에서 많은 사람이 놀러와 묵고 가는 시설이 될 수 있다. 게다가 타이니 하우스를 짓는 방법까지 배울 수 있다면 관광객들은 기꺼이 더 많은 돈을 쓸 것이다. 또한 RV 파크와 마찬가지로 재해시 피난처로도 사용이 가능하다. 꼭 언젠가는 실현해 보고 싶다.

'이케하야 온천'을 경영하고 싶다

'온천'은 참 좋은 곳이다. 남녀노소가 즐길 수 있고, 산속 깊은 곳에 있더라도 충분히 여행의 '목적지'가 된다. 내가 살고 있는 고치 레이호쿠 지역은 의외로 현재 이용할 수 있는 온천이 없다. 등산, 물놀이, 투어링, 농업 체험 등을 즐길 수 있는 멋진 지역임에도 어째서인지 온천 영업을 하는 곳이 없다. 이것은 너무나 안타까운 일이다. 등산을 한 뒤에 온천에서 피로를 풀고 싶어 하는 사람이 한둘이 아닐 텐데⋯⋯.

그래서 나는 온천을 만들려고 계획 중이다. 먼저 산에 구멍을 뚫어 우물물을 퍼 올린 다음 장작 보일러로 끓이는 정도로 시작할 예정이다. 우물을 파는 비용을 조사해 봤는데, 30미터를 파는 정도라면 100만 엔으로 가능할 듯하다. 의지만 있으면 직접 손으로 팔 수도 있다고 한다! 장작 보일러도 100만 엔만 주면 구입할 수 있으므로 오두막 수준의 작은 노천탕이라면 300만 엔 정도의 자금으로 실현이 가능해 보인다. 고작 300만 엔이다! 어지간한 승용차보다 싼 가격이 아닌가? 도쿄의 도요스에 타워 맨션을 살 여유가 있으면 그 돈으로 시골에 산을 사고 온천을 만들기 바란다. 사회 공헌도 된다. 실제로 고치 현에는 개인적으로 온천을 만든 사람들이 있다. 이미 선행 사례가 있는 것이다. 도쿄에 있으면 깨닫기 어려운 사실이지만, 온천을 이렇게 개인이 소유할 수 있다.

나는 '이케하야 온천'을 지역에서 벌채한 장작을 이용하는 자원 순환형 시설로 만들려고 생각하고 있다. 고치 현에는 너무 과하게 자란 나무가 산을 황폐화시키고 있어서 문제가 되고 있기 때문에 장작 보일러는 지역의 자원 관리라는 관점에서도 좋은 선택이 될 것이다. 석유보다 저렴한 비용으로 안정된 연료 공급을 기대할 수 있다는 점도 좋다.

먼저 작은 노천탕부터 시작해, 다음에는 작은 찻집을 병설하고, 주변에 빈집을 확보해 숙박만 가능한 온천 여관과 캠프장을 경영한다. 채산성이 충분할 것 같으면 요리와 접객 직원을 고용해 본격적인 온천 여관으로 만들어도 좋을 것이다. 상상만 해도 미래가 기대된다. 그러니 더 열심히 돈을 벌어야⋯⋯.

'바이오 화장실 마을'을 만들어 유기농 와인을 제조한다

요즘 내가 관심 있게 지켜보는 것이 있다. 바로 '화장실'이다. 의외라고 생각할지 모르겠지만, 화장실에도 이노베이션의 여지가 있다. 미국의 시골 농장 주변에서는 '아웃하우스'라는 옥외 화장실이 유행하고 있다고 한다. 'outhouse'로 검색해 보면 아기자기한 예쁜 작은 집을 여럿 볼 수 있을 것이다. 이것의 구조는 아주 단순하다. 먼저 빈 땅이나 농지에 구멍을 파고 이케아에서 사 온 변좌를 그 위에 씌운다. 그리고 이동이 가능할 만큼 작은 오두막으로 둘러싼다.

작은 오두막으로 둘러쌌으면 이제 완성이다. 이곳이 화장실이다. 배변을 마치면 톱밥으로 덮는다. 구멍이 가득 차면 다른 곳에 구멍을 파고 화장실째 이동시킨다. 눈치가 빠른 사람은 이미 짐작했겠지만, 이렇게 하면 천연 거름 덕분에 토지가 비옥해진다. 미국의 농장에서는 이렇게 토지를 비옥하게 만들어 맛있는 유기농 포도를 키우고 있다고 한다. 인간의 생리를 영리하게 이용한 화장실의 이노베이션이라 할 수 있다.

산속까지 하수도 인프라를 정비해 유지하려면 반영구적으로 엄청난 비용이 들어간다. 그러나 구멍을 파고 대변을 보면 비용은 전혀 들지 않는다. 처리 비용이 들어가기는커녕 비옥한 토지까지 덤으로 얻을 수 있다. 돌이켜 생각하면 일본인은 옛날부터 '거름 구덩이'를 준비해서 작물을 키웠다. 옛날 사람들이 다 했는데 우리가 하지 못할 이유가 없다. '어디서나 대변을 볼 수 있다'는 것은 훌륭한 인프라, 훌륭한 능력이라고 생각한다. 재해가 발생해 수도가 끊겨도 아무런 문제없이 배설을 할 수 있으니 말이다. 나는 이제 거리낌 없이 적당한 곳에서 대변을 볼 수 있다. 그러면 그곳에 밭이 생긴다.

'산속에서 축제를 열고 그곳에 다들 대변을 봐서 토지를 비옥하게 만들자'는 이른바 '응가 페스티벌'을 기획하면 재미있을 것 같다. 주최자는 몸에 좋은 채소를 제공하고 그 대가로 돈과 대변을 받는 것이다. 모두가 행복해지는 축제가 아닌가?

고치 현에는 현에서 생산한 와인이 없다. 자연의 힘으로 토지를 비옥하게 만들고 그곳에서 포도를 키워 와인을 만든다면 재미있을 것이다. 소변을 이용하니까 '황금 와인'이라는 브랜드를 만든다든가……. 아니, 이건 농담이니 무시하기 바란다.

'이케하야 태양광 패널' 을 판매한다

이와 같이 그야말로 무엇이든 팔 수 있다. 얼마 전에는 아내와 "태양광 패널을 팔면 어떨까?"라는 주제로 이야기꽃을 피웠다.

고치 현은 일조 시간이 전국 최고로, 태양광 발전을 도입하기에 아주 적합한 지역이다. 그러나 산간 지역에서는 아직 태양광 발전이 일반화되지 않아서 패널을 설치한 가정이 거의 없다. 이런 지역의 경우는 작은 창고나 오두막에 부설할 수 있는 소규모 태양광 패널이 꽤 수요가 있을 것이다. 전기 판매가 가능할 정도의 규모가 아닌 50와트 정도라면 문제없다. 산속은 전선을 설치하기도 쉽지 않으므로 태양광 발전으로 전기를 해결하는 편이 훨씬 간단할 때가 많다. 나도 땅을 사면 마당에 작은 오두막을 짓고 그곳의 전기는 태양광 발전으로 해결하려고 생각 중이다. 미래적이고 좋지 않은가?

그런데 기술적으로나 상품적으로나 충분히 실현 가능함에도 그런 '소규모, 저렴한 가격, 지식이 없어도 설치할 수 있는 태양광 패널'을 파는 곳은 거의 없다. 그래서 우리 사이트에서 '이케하야 태양광 패널 키트'를 팔려고 생각 중이다. 고치 현에도 살 사람이 있을 것이고, 다른 지역에서도 나처럼 그런 태양광 패널 키트가 있었으면 좋겠다고 생각하던 사람이 인터넷을 통해 구매할 것이다. 이것도 마음만 먹으면 연간 매출 1,000만 엔은 가능할 것 같은 사업 아이템이다.

장애인들을 고용해 자벌형 임업으로 돈을 벌게 한다

'자벌형 임업'도 실현해 보고 싶은 분야다. '자벌형 임업'에 관해서는 약간 설명이 필요한데, 간단히 말하면 '자신의 손으로 나무를 벌채해서 파는 임업'이다. 현재의 임업은 산의 주인이 직접 나무를 벌채하지 않고 임업 조합 등의 조직에 '외주'를 줘서 대규모로 벌채하는 방식이다. 이쪽이 효율이 좋다는 정책 판단이 있었던 모양인데, 주지의 사실이지만 현재 일본의 임업은 괴멸 직전이며 종사자 수도 계속 감소 중이고 고령화까지 진행되고 있다. 현실을 보면 정책이 실패했음은 명백하다.

　그래서 대안으로 나온 것이 '외주'를 주지 말고 자신들이 직접 소규모로 나무를 베서 출하하자는 움직임이다. 이 방식이라면 소자본으로 지속적인 임업이 가능해진다. 고치 현은 '자벌형 임업'이 발달한 곳으로, 사카와 정이나 니요도가와 정에서는 신규로 자벌형 임업을 시작하는 사람도 늘고 있다. 놀라운 것은 그 수익성이다. 사람에 따라서는 연간 1,000만 엔을 벌어들이는 사람도 있다고 한다. 다만 임업만으로 돈을 벌기보다는 그 밖에 게스트 하우스 경영, 농업, 산나물 판매, 수렵 등 '복수의 사업'으로 수익을 올리는 것이 대세라고 한다. 진입 장벽 또한 낮아서, 전기톱 연수를 받고 최소한의 지식을 갖추면 임업가가 될 수 있다. 이야기를 들어 보니 은둔형 외톨이였다가 현재 임업으로 돈을 벌고 있는 사람도 있다고 한다.

　고치 현 외에 다른 지역에서는 장애인 고용 촉진의 일환으로 자벌형 임업이 가능한 장애인들을 우선적으로 채용하려는 움직임이 있다고 들었다. 참으로 재미있는 발상이다. 나도 일단은 내가 먼저 자벌형 임업에 도전해 보고, 어느 정도 궤도에 오르면 '장애인 고용'을 통해 사업 규모를 확대해 나가려고 생각하고 있다. 고치 현에도 물론 일자리를 찾는 장애인들이 많기 때문이다.

임업 관련 분야에는 아직 일거리가 산더미처럼 있으며, 이미 가공 판매로 성공한 사업가도 있다. 레이호쿠에는 이곳에서 벌채한 목재를 사용해 개인이 원하는 맞춤 개집을 만들어 주는 크리에이터와, 역시 이곳에서 벌채한 목재로 인테리어 자재를 제작하는 회사 등이 있다. 또한 무로토 시나 오쓰키 정에는 벌채한 나무로 숯을 구워서 돈을 버는 사람들도 있다.

고치 현은 2014년에 비장탄 생산량 일본 내 1위를 기록할 만큼 최고급 숯으로 꼽히는 비장탄의 주요 생산지이기도 하다. 내가 직접 벌채한 나무로 '이케하야 비장탄'을 생산해 '이케하야 상점'에서 팔면 재미있을 것 같다.

특제 '귀뚜라미 빵'을
판매한다

뜬금없이 무슨 소리를 하는가 싶겠지만, 우리 집 마당에 사는 귀뚜라미는 정말 맛이 끝내준다. 잡아서 씻은 다음 올리브기름에 바삭하게 튀겨서 왕소금을 뿌리면 세상에 이런 별미가 없다. 술이 술술 넘어가는 안주가 된다.

'징그럽게 귀뚜라미를 먹는단 말이야?'라고 생각하는 사람은 세상을 너무 좁게 사는 것이다. 세상을 둘러보면 곤충은 오히려 일반적인 식재료다. 일본인도 메뚜기를 먹지 않는가? 이와 다를 것이 하나도 없다. 하물며 귀뚜라미는 '친환경 음식'으로도 주목을 받고 있어서, 미국에는 양식한 귀뚜라미로 분말을 만들어 '귀뚜라미 칩'을 생산하는 벤처 기업도 있을 정도다. 영양적 측면으로 보자면 고단백 저칼로리 식품일 뿐만 아니라 무엇보다도 생산할 때 환경에 부담을 적게 준다. 곤충은 소나 돼지와 달리 내버려 두면 알아서 증식하기 때문이다.

귀뚜라미는 정말 맛있다. 내 친구인 시노하라 유타篠原裕太 씨는 귀뚜라미를 사용한 라면을 프로 라면 요리사와 공동으로 개발했다. 라면 장인도 깜짝 놀랄 만큼 귀뚜라미로 맛있는 국물을 낼 수 있다고 한다. 한 번 먹어 보면 무슨 의미인지 알 수 있을 것이다. 우리 집 마당의 귀뚜라미는 그런 그도 감동할 만큼 맛있는 개체가 많다고 한다. 실제로 우리 집에서 귀뚜라미를 먹어 보고는 "우아, 이케다 씨 집 귀뚜라미 정말 맛있는데요!"라고 환호성을 질렀다. 일본이 자랑할 만한 괴짜다.

그의 발언에 힘입어 앞으로 귀뚜라미 양식을 하려고 진지하게 생각 중이다. 그 분말로 빵을 만들어 '귀뚜라미 빵'이라는 이름으로 팔려고 한다. 귀뚜라미 빵. 발음이 귀엽지 않은가? 게다가 영양가도 높다. 아내가 빵을 만들 줄 아니까 이 고장의 탁주 술지게미에서 얻은 천연 효모와 우리 집의 귀뚜라미 분말을 사용해 맛있는 빵을 구울 수 있을 것이다. 아직 먹어 보지는 못했지만 틀림없

이 맛있으리라고 믿는다. 술빵 특유의 향과 귀뚜라미의 풍미가 결합해 최고의 빵이 될 것이 분명하다.

곤충식은 아직 '괴상한 음식'이라는 느낌을 준다. 그러나 앞으로 세계의 인구가

증가해 식량 위기가 닥치면 곤충이 우리의 식생활 속으로 깊이 들어올 것은 분명하다. 실제로 맛도 좋고 환경 부담도 적으니 빨리 보급하는 편이 좋다고 생각한다. 그래서 이케하야 상점에서는 '첨가물 제로 귀뚜라미 분말'을 사용한 구운 과자와 빵, 건면, 보존식 등을 판매할 예정이니 기대하기 바란다. 귀뚜라미 양식의 노하우가 있는 사람도 수시로 모집 중이니 함께 일했으면 하는 분들의 지원을 바란다. 나는 앞으로 '곤충식'이 인구가 과소화된 산간 지역에서 고용을 창출하는 효과적인 접근법이 될 것으로 확신한다.

토지를 이용해 당신만의 자기표현을 할 수 있다

이런 구상을 떠올리게 된 계기는 이 지역에 사는 아저씨들의 '토지를 이용한 멋진 공간 표현'을 만난 것 때문이었다. 그들은 광대한 토지를 이용해 그들만의 파라다이스를 만든 초일류 아티스트였다. 그중에서도 내게 가장 충격을 준 사람은 고치 현 오카와

촌에 살면서 '벚꽃 축제'를 개최하는 가와카미川上 씨 부부였다. 오
카와 촌의 '벚꽃 축제'는 사실 이들 부부가 개인적으로 주최하는
축제다. 그 사실을 안 나는 '축제를 개인이 직접 기획해도 되는 거
였어?'라고 문화 충격을 받았다. 게다가 축제 현장에는 벚나무가
잔뜩 심어져 있는 것은 물론이고 휴식할 수 있는 통나무집과 오두
막, 식사를 즐길 수 있는 노점까지 준비되어 있어 도저히 개인이
주최했다고는 믿기지 않는 수준이었다. 아무런 사전 정보도 없이
방문했다면 마을 지자체에서 주최한 축제라고 믿었을 것이다. 그
러나 개인이 자신 소유의 산을 이용해 개최한 축제였다. 정말 멋
지다는 말밖에 나오지 않는다.

그 밖에도 내가 사는 모토야마 정에는 '미시시피'라는 진기한
곳이 있다. 카페로도 유명하고 맛있는 에스닉 요리를 맛볼 수 있
는 가게인데, 이 가게의 명물은 점주의 '아틀리에'다. 오너이자 아
티스트인 후지시마藤島 씨는 거대한 차고를 이용해 자신만의 세계
를 만들었다. 할 말을 잃을 정도로 장대한 스케일을 자랑하니 모
토야마 정에 왔다면 꼭 보고 가기 바란다.

나는 이들 덕분에 진심으로 인생관이 바뀌었다. '아아, 이런 자
유로운 표현이 가능하구나!'라고 감명을 받았다. 블로그에 글이나
쓰고 있는 것이 한심하게 느껴졌을 정도다.

그리고 '내가 지금껏 정말 바보같이 살았구나'라고 자책하게 한 축제가 있다. 해발 1,400미터의 '가지가모리'에서 열리는 '가지록(가지가모리 록페스티벌)'이다. '후지 록페스티벌'과 이름은 비슷하지만 엄청난 산속에서 개최된다는 점이 다르다. 웃기는 점은, 산 정상의 날씨가 좋지 않기 때문에 5미터 앞에서 열창하고 있는 뮤지션의 모습이 짙은 안개에 둘러싸여 희미하게 보인다는 것이다. 분명히 코앞에 있는데 잘 보이지 않는다. 그리고 무엇보다 춥다! 8월 말일에 개최되는 여름 이벤트이지만 해발 1,400미터의 기온은 매우 낮다. 파카를 입어도 추워서 몸이 덜덜 떨린다. 참가자는 물론이고 주최자까지도 추위에 떠는 진풍경을 볼 수 있다.

여담인데, 나는 일찍 귀가했기 때문에 무사했지만 밤 10시경이 되자 날씨가 크게 악화되어 다들 고생했다고 한다. 훗날 스태프가 이 이야기를 하면서 "다친 사람이 없어서 정말 다행이었다니까요"라며 쓴웃음을 지었다. 하지만 주최자들의 즐거움을 감추지 못하는 표정을 보면 '가지록'은 틀림없이 내년에도 열릴 것이다. 그리고 내년에는 나도 운영 스태프로 참가할 예정이다. 찾아오는 관객의 수를 생각하면 잘해야 본전이고 아마도 적자가 아닐까 싶은 소규모 록페스티벌이지만, '즐거우니까' 그런 것은 아무런 문제가 되지 않을 것이다.

재미있는 점은 '벚꽃 축제'든, '미시시피'의 아틀리에든, '가지
록'이든 누가 부탁해서 하는 것이 아니라 '내가 즐거워서' 한다는
것이다. 어떻게 보면 '놀이'의 연장선상에 있는 창작물이다. 시골
에서 생활하는 사람이라면 다들 동의하겠지만, 지방에서는 어른들
이 정말로 재미있게 논다. 젊었을 때 자발적으로 문화제를 즐겼던
가락이 할아버지 할머니가 된 뒤에도 남아 있다. 그리고 젊은 사람
도 이에 자극받아 자신들의 세계를 만들려 한다. '지역 활성화' 같
은 것을 외치지 않아도 알아서 재미있는 장소를 만들어 낸다.

도쿄에서는 무의식중에 욕망을 억압당해 '하고 싶은 것'의 수
준이 자연스럽게 낮아진다. 고작해야 '주말에 디즈니랜드에 가자'
같은 수준일 것이다. 지방은 욕망의 규모가 다르다. 고치 현의 산
속에는 '10년을 들여서 디즈니랜드를 만들자'고 진심으로 생각하
는 사람들이 있다. 도쿄에서는 자신이 직접 축제를 만들자는 생각
은 하지 않을 것이다. 도쿄에서 생활하면 무의식중에 '창조성의
벽'이 형성된다. 이와 같이 사는 장소는 매우 중요한 의미를 지니
며, 사는 환경을 바꾸기만 해도 창조성이 폭발한다.

도쿄에서 틀에 박힌 여가 활동은 이제 그만 즐기고 지방에서 재
미있는 시도를 해 보자. 나는 '일본에서 제일 재미있는 공원'을 사
설로 만들고 싶다. 누구 나와 같이 만들 사람?

없는 것투성이기에
비즈니스의 아이디어가
생겨난다

　지방의 멋진 점은 도쿄와 달리 '없는 것투성이'라는 것이다. 내가 사는 모토야마 정은 그야말로 '없는 것투성이'여서, 카레집도 없고 쇠고기 덮밥집도 없고 제과점도 없다. 미술관이나 극장, 온천, 게스트 하우스도 없다. 그런데 '없는 것투성이'라는 환경은 참으로 멋진 것이어서, '그렇다면 내가 만들자'는 생각이 들게 한다. 실제로 나는 그 덕분에 지금까지 이야기한 아이디어를 생각해 낼수 있었다. 지방에 가면 '아직 없지만 내 손으로 만들고 싶은 것'을 지겹도록 만나게 된다.

　이따금 도쿄에 살고 있는 젊은이가 "하고 싶은 것을 찾을 수가 없어요"라며 내게 상담을 구하곤 한다. 그것은 당연한 일이다. 도쿄에는 무엇이든 다 있기 때문이다. 자신이 무엇을 하든 결국은 재탕이 되어 버린다. 그러나 재탕은 재미가 없다. 그러니 '하고 싶은 것'이 생길 리가 없다. 나도 도쿄에서 살던 시절에는 하고 싶은 일을 만나지 못했다. '하고 싶은 것을 찾을 수가 없는' 것은 개인의 의욕이나 능력의 문제가 아니라 환경의 문제다. 그런데 아무도 이 사실을 깨닫지 못하고 혼자서 끙끙 앓고 있다.

지방에 가면 반드시 '왜 이게 없지?'라는 자극을 접하고 '그러면 내가 해 볼까?'라는 발상에 이르게 된다. 주위에 그렇게 해서 자신의 프로젝트나 가게를 시작한 사람이 많기 때문에 응원해 주는 사람, 협력해 주는 사람도 쉽게 찾을 수 있다.

너무 달콤한 이야기라 경계심이 생길지도 모르지만, 지방에 가면 '하고 싶은 것'을 쉽게 만날 수 있다. 내 경우는 하고 싶은 일이 끊임없이 머릿속에 떠오르고 있다. 도쿄에서 보람도 없는 일을 할 바에는 당장 지방으로 가는 편이 낫다.

주민세를 내는 것이 기쁨으로 바뀐다

또 지방으로 이주한 뒤로 '주민세'를 내는 것에 저항감을 느끼지 않게 된 것도 재미있는 변화다. 간단히 말해 지방에서는 행정 기관과의 거리감이 가깝기 때문에 서비스를 누린다는 실감이 강하게 든다. 그도 그럴 것이, 관청 직원이 우리 집까지 찾아와서 지갑을 돌려줄 정도이기 때문이다. 내가 낸 주민세가 관청 직원의 급여가 된다는 것이 오히려 기분 좋게 느껴진다.

　내가 사는 모토야마 정의 과세 수입은 1년에 3억 엔 정도다. 이 정도 금액은 그 지역의 한 개인이 영향력을 발휘하기가 그리 어렵지 않은 규모다. 만약 내 과세 소득이 1억 엔 정도가 되면 우리 마을은 상당히 풍요로워질 것이다. 반면에 도쿄에서 과세 소득 1억 엔은 흔해 빠진 수준이라 특별한 영향을 미치지 못한다. 최근에는 아베노믹스로 경기가 좋아져서 더더욱 그렇다.

　지방에서는 개인의 소득이 늘어서 주민세를 많이 내게 되면 그만큼 마을이 윤택해지고 행정 서비스도 충실해진다. 아이들의 교육도, 고령자의 돌봄 서비스도 개선될 것이다. 이러한 마을의 매력이 점점 커져서 널리 알려지면 우수한 사람들이 모여들고, 그 결과 세금 수입이 더 늘어나게 된다. 이와 같이 돈을 잘 버는 개인은 마을에 커다란 영향력을 끼칠 수 있다. 왠지 가슴이 두근거리지 않는가? 반면에 도쿄 같은 곳에서는 1억 엔을 벌어서 세금을 낸들 아무도 고마워하지 않으며 그 영향력도 미미하다. 오히려 세금 낭비만 더 눈에 띌 것이다.

　돈을 왕창 벌고 있는 사람이 시골로 이주해 주민세를 잔뜩 내면

기분 좋은 경험을 실컷 누릴 수 있을 것이다. 마을에 당신의 동상
이 세워질지도 모른다.

자신의 손으로
'나라'를 만들어 보지
않겠는가?

    좀 더 이야기를 확장하면, 지방에서는 자신의 힘으로 사회 시스
템을 만드는 것이 가능하다. 말하자면 '나라를 만드는' 것이다.

    나는 이런 꿈을 꾸고 있다. 먼저 돈을 왕창 번다. 그리고 주민세
를 많이 내서 매력적인 마을을 만든다. 비즈니스를 계속 확장시켜
우수한 젊은이를 고용하고 마을의 경제, 커뮤니티를 풍요롭게 만
든다. 젊은이 중에서는 비영리단체를 경영하는 사람, 정치가를 지
망하는 사람도 나올 것이다. 그렇게 되면 고령자밖에 없는 정치
현장이 서서히 젊어진다. 실제로 지방에 가면 "정치에 뜻을 품은
젊은이가 있으면 양보하고 싶다"라고 말하는 고령의 국회의원도
있다(실제로 고치 현에서는 무투표 당선되는 지역도 많다).

　젊은이가 정치 현장에서 큰 비중을 차지하게 되면 마을은 더욱 재미있어진다. 미안한 말이지만 역시 나이는 중요하다. 지금의 일본이 재미가 없는 이유는 대부분의 지역에서 제일 높은 자리에 있는 사람이 전부 할아버지이기 때문이다. 그런데 고치 현, 후쿠오카 현, 지바 시, 세키 시, 미노카모 시, 다케오 시(지금은 바뀌었지만) 등등의 지역은 젊은 사람이 수장 자리에 올라 리더십을 발휘하자 지역 경제와 문화가 되살아났다. 지금의 활기가 없는 지방을 되살리고자 한다면 '지역을 젊은이들이 점령한다'는 정도의 기세가 필요하다. 고령화가 진행되면 막다른 골목에 다다를 것은 불을 보듯 뻔하기 때문이다. '해 보시오'의 정신으로 젊은이들에게 자리를 양보하는 지역이 미래에도 살아남을 것이다.

　잘만 하면 우리 젊은 세대는 자신들이 바라는 이상적인 사회를 자신들의 손으로 만들 수 있다. 도쿄는 너무 커서 무리겠지만 규모가 작은 지방이라면 자신들의 '자치구'를 만들 수 있다. 생각만 해도 가슴이 두근거리지 않는가? SF적으로 말하면, 미래에는 '실질적으로 독립한 소국가'가 일본에 난립하게 될지도 모른다. 중앙정부에 의지하지 않아도 되는 경제·사회 시스템을 만든다면 '일본이라는 나라'에 속해 있을 필요는 없다. 다만 이것은 '타도 국가!' 같은 이야기가 아니라 '우리는 우리가 알아서 먹고살 테니 걱정하지 마세요' 같은 식의 온건한 독립이 될 것이다.

지방의 온건한 독립 국가. 멋지지 않은가? 도쿄의 교외에 35년 상환으로 대출을 받아서 조그만 집 한 채를 짓고 '일국일성의 주인'이 된 양 뿌듯해 할 때가 아니다. 나라를 만들자, 나라를.

기다리고 있겠다.

제5부 이주에 실패하지
    않기 위한 다섯 단계와
    알아 둬야 할 제도

고치 시에서 아내와 함께 살 집을 물색할 때, 우리의 최우선 조건은 '육아 세대가 많고 치안이 좋은 곳'이었다. 네다섯 곳의 집들을 둘러보았지만 적당한 곳을 찾을 수 없었다. 그런데 프랜차이즈가 아닌 현지인이 운영하는 작은 부동산 중개소에 들어갔더니 놀랍게도 매물 정보가 쏟아졌다.

시골 빈집의 경우에는 더 그렇다. 애초에 부동산 사이트 자체가 없는 경우가 많다. 지자체가 운영하는 '빈집 은행'도 참고 정도밖에 안 된다. 정말 좋은 시골 빈집의 정보는 결국 사람을 통해서만 흘러든다. 1단계로 이주한 지방 도시에서 서두르지 않고 최대한 정보를 모으는 수밖에 없다. 이것만큼은 시간이 필요한 일이다.

이주에 필요한
사전 지식은 일단
이 정도면 충분하다

대도시에서 인생을 소모하고 있다가 이 책을 발견해 여기까지 읽은 독자 여러분은 '과감하게 시골로 이주해 보는 것도 나쁘지 않을 것 같은데?'라고 진지하게 생각하기 시작했을 것이다. 제5부에서는 실제로 이주를 준비할 때 필요한 기본적인 다섯 단계와 이주를 위해 알아 둬야 할 제도를 소개하겠다.

당장 이주할 생각은 없더라도 여기에서 소개한 이주의 5단계를 머릿속에 넣어 두기 바란다. 그러면 언젠가 이때다 싶은 타이밍에 구체적인 행동으로 옮길 수 있을 것이다.

이주에 실패하는
전형적인 패턴

구체적인 방법에 대한 이야기로 들어가기 전에, 흔히 접할 수
있는 시골 이주에 관련한 일화를 소개하겠다. 이 이야기는 실화를
바탕으로 한 픽션이다.

어느 산간 지역의 시골 마을. 이름은 B촌이라고 해 두자. 산속에
자리한 경치가 맑고 아름다운 곳으로, 울창한 숲길을 통과하면 어
느 순간 갑자기 시야가 확 넓어진다. 계단식 논이 아름답게 펼쳐
진 작은 마을에 100명 정도의 주민이 밀집해 살고 있다. 65세 이
상 인구가 70퍼센트 이상인 이른바 한계마을이다. 그러나 그 아름
다운 풍광과 기운이 넘치는 고령자들을 보면 도저히 '한계마을'로
는 보이지 않는다.

이에 정부와 마을이 함께 이주 지원에 힘을 쏟고 있다. 첫 번째
지원책은 '빈집 은행'으로, 다른 현에서 이주를 원하는 사람이 구
입·임대할 수 있는 집들을 웹사이트에 소개해 놓았다. B촌의 빈
집도 여기에 실려 있어서, 이따금 이주 희망자가 집을 살펴보러

찾아왔다. 빈집의 주인은 10여 년 전에 마을을 떠나 현재 시가지에서 살고 있다. 빈집 은행에 올라온 지 1년 정도 지났을 무렵, 그 집이 무사히 판매되었다.

문제는 지금부터다.

마을 주민들은 "저 집이 팔렸다던데, 대체 누가 샀을까?"라며 흥분하기 시작한다. 그런데 이야기를 들어 보니 정년퇴직한 70대 부부가 나고야에서 이주한다고 한다.

"그런 사람들이 우리 마을에 적응할 수 있을까?"

마을에는 불온한 분위기가 감돌기 시작한다.

집이 팔린 지 몇 달 뒤, 문제의 부부가 B촌에 살기 시작했다. 그러나 마을의 관습을 알지 못하는 도시인이 그곳에 적응하기는 쉬운 일이 아니다. 예상대로 쓰레기 문제나 풀베기 문제 등 주민들과의 자잘한 마찰이 끊이지 않았다. 하루는 지역 주민이 찾아와서 "당신네 집의 창고는 옛날부터 마을의 공유물이었소. 돈을 주고 샀든 권리가 어떻든

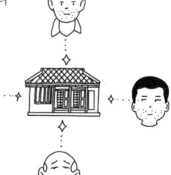

그런 건 알 바 아니오. 안에 넣어 둔 짐을 전부 꺼내시오. 내일까지 비우지 않으면 경찰을 부르겠소"라고 으름장을 놓았다. 그리고 다음날, 정말로 마을의 일부 사람들이 경찰을 불러서 큰 소동이 벌어졌다.

그 후에도 마찰은 끊이지 않았고, 나고야에서 온 부부는 우울증을 앓다 결국 B촌을 떠나 시가지로 이사하게 되었다. 다만 빈집의 권리는 아직 포기하지 않은 듯, 그 집은 오늘도 변함없이 아무도 살지 않는 채 아름다운 B촌에 우두커니 자리하고 있다.

이주지에도
난이도가 있다

앞서 소개한 이야기는 그다지 공개적으로 드러나고 있지는 않지만 비교적 자주 발생하는 일이라고 한다. 인생의 선배들에게는 미안한 말이지만, 정년퇴직한 고령자일수록 지역 주민과 마찰을 빚는 경우가 많다. 이는 은퇴한 고령자의 경우 대부분 '은거', '여유로운 시골 생활'을 하고 싶어서 이주한 까닭에 마을 공동체의 풀베기나 행사를 기피하는 경향이 있기 때문이다. 이래서는 지역 주민들도 배타적이 될 수밖에 없다. 반대로 젊은 사람, 특히 아이가 있는 세대는 비교적 순조롭게 마을에 융화되는 경향이 있다(아이가 말 그대로 '가교'의 역할을 한다).

어쨌든, 제5부에서 강조하고 싶은 점은 이주지에도 '난이도'가 있다는 것이다. 앞의 일화에 나온 B촌은 난이도로 치면 최상급이다. 5단계 평가라면 이론의 여지없이 '5'이다. 상당한 커뮤니케이션 능력과 돈을 벌 수 있는 능력이 없으면 마을에 순조롭게 융화될 수 없다. 이런 곳은 나도 무리다. 빈집 은행을 경유해서 갑자기 이런 곳으로 이주하는 것은 거의 자살 행위나 다름없다. 2단계, 3단계, 4단계로 천천히 단계를 거쳐서 이주해야 한다.

한편 많은 사람이 거주하는 '시가지'는 이주 난이도가 크게 낮아진다. 도쿄에서 이사할 때와 비슷한 감각으로 이주할 수 있을 것이다. 중심 시가지와 가까워질수록 생활은 도쿄 시절과 같거나 그 이상으로 쾌적해진다. 번거로운 인간관계나 풀베기 등도 물론 필요 없다.

참고로 내가 아는 범위에서 고치 현의 지역 난이도를 산정해 봤다. 같은 마을이라도 지역에 따라 난이도가 달라지므로 어디까지나 주관적이고 대략적인 기준으로 이해하기 바란다.

레벨1 _고치 시 중심부

레벨2 _난코쿠 시, 가미 시, 아키 시, 시만토 시, 스사키 시 중심부

레벨3 _모토야마 정, 도사 정, 오토요 정, 무로토 시, 도요 정

레벨4 _야스다 정, 나하리 정, 게이세이 촌

레벨5 _고치 시 도사야마, 가가미 같은 과소화된 마을

예를 들어 처음부터 레벨5인 '도사야마'나 '가가미'에 가려고
하는 것은 상당히 난이도가 높으리라 예상해야 한다. 개중에는 곧
바로 이주해서 잘 정착하는 사람도 있지만, 그러려면 '아이가 있
거나', '전문 기술이 있거나', '커뮤니케이션 능력이 아주 뛰어나거
나', '남들이 뭐라고 하든 전혀 신경 쓰지 않는' 등 특별한 소양이
요구된다.

그러므로 이주를 하려면 먼저 중심 시가지에 연착륙하는 편이
좋다. 다짜고짜 시골로 가면 실패할 확률이 상당히 높아진다. 시
골 생활에 동경심을 품고 있더라도 리스크가 있으니 일단은 어느
정도 번화한 마을에서 살자. 그런 다음에 시골로 이주해도 절대
늦지 않다.

1단계
'하고 싶지 않은 일 목록' 을 작성한다

이제부터 성공적인 지방 이주를 위해 필요한 다섯 단계를 설명하겠다.

이주할 때 제일 먼저 해야 할 일은 지금 생활하는 가운데 '어떤 점이 불만인지' 적어 보는 것이다. 결혼을 한 사람은 부부가 이야기를 나누면서 '하고 싶지 않은 일 목록'을 작성해 보기 바란다. 이것은 매우 의미 있는 목록이 된다.

가령 내 경우는 이런 목록이 만들어졌다.

- 식사할 때 기분 나쁜 생각을 하고 싶지 않다.
- 콩나물시루 같은 지하철을 타고 싶지 않다.
- 장시간 노동은 하고 싶지 않다.
- 비싸면서도 좁은 집에 살고 싶지 않다.
- 번거로운 인간관계는 가급적 피하고 싶다.
- 휴일을 재미없게 보내고 싶지 않다.

■ 육아 환경을 타협하고 싶지 않다.

    그리고 이 목록을 바탕으로 자신이 살기에 좋을 것 같은 장소를 선택하자. '하고 싶은 일'을 적어도 좋지만, 이것은 이주한 뒤에 계속 바뀌기 마련이다. 한편 '하고 싶지 않은 일'은 개인적인 인생철학이 담겨 있기 때문에 잘 변하지 않는다. 그러므로 일단은 '하고 싶지 않은 일'만을 생각하자.

    사전에 '하고 싶은 일'을 정하고 그 목표를 실현하기 위해 이주하는 것은 오히려 권하지 않는다. 하고 싶은 일을 지나치게 명확히 설정하면 그것을 실현할 수 없게 될 때 자기 멋대로 기대를 배신당했다고 느끼고 그 지역에 환멸을 느끼며 떠나게 된다. 그러므로 '하고 싶은 일'은 일단 대략적으로만 그런 다음 이주한 뒤에 구체화해 나가야 한다. 지역으로 이주하면 다양한 만남과 발견을 하게 되며, 그러면 사전에 정해 놓았던 '하고 싶은 일'이 시시각각 변화하게 된다. 자신의 사고방식, 가치관도 바뀌게 되므로 사전에 그려 놓는 것은 그다지 의미가 없다. 나는 그런 식으로 이주한 뒤에 '하고 싶은 일'을 구체화해 나갔다. 그리고 앞에서 말했듯이 지금도 '하고 싶은 일'이 매일같이 생겨나고 있다.

    지방은 놀라운 포용력을 지니고 있다. 하고 싶은 일은 '나중에

생각하는' 편이 전체적인 그림도 커지고 자신도 기대감에 즐거워
진다. 도쿄에 있을 때 꿈꿨던 '하고 싶은 일'은 이주하고 1년만 지
나면 스스로 생각해도 웃음이 날 만큼 초라해진다.

2단계
생생한 목소리를 듣는다

'하고 싶지 않은 일'을 문자화해 그 조건에 맞는 이주 후보지를
찾아냈다면 이제 구체적인 방법으로 후보지를 선별해 보자. 이때
가장 중요한 일은 그곳에 사는 사람들의 생생한 목소리를 듣는 것
이다. 토지로서의 매력은 인터넷에서 검색하면 어느 정도 정보를
얻을 수 있을 것이다. 그러나 시골의 독특한 분위기, 문화 등은 인
터넷에서 찾을 수 없다.

이것도 직접 가 봐야 알 수 있는 것인데, 같은 시골이라도 어디
에 사느냐에 따라 문화가 달라진다. 가령 나는 인구 150명 정도
의 지구에 살고 있는데, 내가 살고 있는 산 정상의 거주지는 의외

로 '개인주의적'이다. 전체 세대 수가 열 세대 남짓한 이곳에는 농촌 특유의 번거로운 행사나 축제가 거의 없다. 나는 이곳에 살기 시작해서야 그 사실을 알고 상당히 놀랐다. 이야기를 들어 보니 옛날에는 이곳에 마을의 거점이 있었지만 국도가 뚫린 뒤로는 교통이 더 편리한 시내와 산의 입구 쪽으로 사람들이 이사를 갔다고 한다. 그래서 산 정상에는 사람이 살지 않게 되었고, 지금 살고 있는 사람들은 오히려 이주자가 대부분이라는 것이다. 몇 대에 걸쳐 살고 있는 집은 한두 세대뿐이고 나머지는 새로 살게 된 이주자들이다. 그래서 번거로운 인간관계가 없는 것이었다. 주위도 전부 이주자들이어서 배타적인 분위기는 전혀 없으며 다들 우리를 반갑게 받아들여 줬다.

산 아래로 조금 내려가면 사람들이 밀집해서 살고 있는 지역이 나오는데, 물론 그곳에는 옛날부터 이어져 내려온 인간관계가 남아 있다. 이주민에게 배타적인 분위기는 없지만 이웃집과 거리상 가깝기 때문에 이웃집과 좀 떨어져 있는 산 정상 부근에 정착하기로 마음먹었다.

그런데 이런 정보는 인터넷에서 찾을 수가 없다. 시작부터 배타적인 공동체 집단으로 이주하는 것은 리스크가 크므로 만전을 기하는 의미에서 먼저 지금 살고 있는 사람의 이야기를 들으러 가야 한다. 그래도 완벽하게 알 수는 없으니 시골 이주가 어려운 법이다. 특히 과소지일수록 자주 찾아가야 정보를 모을 수 있다.

이때 현실적인 방법이 '2단계 이주'라는 개념이다. 도쿄에서 지방으로 이주하고 싶은 사람들은 대부분 내가 살고 있는 곳 같은 '시골'을 찾을 것이다. 그러나 시골은 살 만한 집을 발견하기가 어렵다. 부동산 중개소가 없기 때문에 사람을 통해 매물을 찾는 수밖에 없다. 또 제5부의 앞부분에서 소개한 일화처럼 운 좋게 '빈집은행'에서 집을 발견했더라도 커뮤니티에 융화되기 위한 장벽이 높다. 그러니 일단은 현청 소재지 수준의 '지방 도시'에서 살아 보고, 그런 다음 자신에게 맞는 '시골'을 찾을 것을 강력하게 권한다.

이렇게 말하는 나도 먼저 1년 정도 고치 시내에서 살아 본 다음 모토야마 정의 산속으로 이사했다. 처음에는 '고치 시 → 모토야마 정의 중심부 → 모토야마 정의 산속'이라는 '3단계 이주'를 계획했지만, 다행히 좋은 집이 나왔다는 정보를 얻어서 한 단계를 건너뛰고 바로 산속으로 이주했다.

1단계로 고치 시내에 살면서 내가 이주할 만한 다양한 지역을 실제로 볼 수 있었던 것은 커다란 도움이 되었다. '여기는 좋아 보이네', '여기는 아무것도 없을 것 같아' 같은 첫인상을 받은 지역이라도 2박 3일 동안 머물며 현지의 이주자들에게 이야기를 들어 보면 상당히 인상이 달라지곤 한다. 또 지역을 돌며 "여기에서 살고 싶은데요"라고 넌지시 물어보면 그 자체가 '취업 활동'이 되어 운이 좋을 경우 그 자리에서 "일자리라면 마침 있는데, 일단 살아 보겠소?"라는 제의가 들어올 가능성이 있다. 이것은 엄연한 실화다. 이 책의 편집자인 미노와箕輪 씨는 내가 사는 레이호쿠 지역에 며칠 묵다가 임업에 종사하는 아저씨를 술집에서 만나 "여기 와서 일하지 않겠소?"라는 제의를 받았다. 제의를 받은 김에 편집자를 때려치우고 여기 와서 임업을 해도 괜찮을 것 같은데……

요컨대 '도쿄에서 시골로 이주하고 싶은' 사람도 일단은 중심 시가지에서 생활하는 것으로 시작하자. 시가지라면 부동산을 통해 살 집을 찾을 수 있고, 아르바이트 등 사람을 구하는 곳도 많다. 이렇게 시가지에서 살다가 시골로 이주해도 늦지 않으며, 오히려 한두 단계를 거치는 편이 더 좋은 조건으로 이주할 수 있다.

3단계
이주 전에 여행을 해서
지인을 만들어 놓는다

2단계 이주를 하든 중심 시가지로 이주하든, 본격적으로 살기에 앞서 현지인 친구를 사귀어 둘 것을 권한다. 이주지를 찾을 때는 3~4박의 일정으로 여행을 가 현지에서 지인을 만들도록 하자. '친구의 친구'에게 의지해도 되고, 아무런 연고가 없다면 그 지역의 카페나 술집에 들어가 대화를 하는 방법도 있다. 얼마 전에 고치 현으로 이주한 어떤 사람은 '우연히 들어간 카페'에서 집과 애인을 발견했다고 한다. 마음을 열고 다가가면 인연을 만들기는 그렇게 어려운 일이 아니다. "이곳에 살고 싶다"는 말을 듣고 불쾌함을 느끼는 주민은 거의 없다.

이주하기 전에 지역 주민과 유대를 만들었으면 그 사람을 경유해 인맥을 넓혀 나간다. 무작정 아무런 연고도 없이 살기 시작한다고 해서 문제가 될 것은 없지만, 어차피 시간이 지나면 지역 사람들과 유대를 맺고 살게 될 것이니 이주 전부터 접점을 만들어 놓는 편이 효율적이다. 집이나 일자리에 관한 정보 등도 입수할 수 있고 말이다.

　뒤에서 이야기하겠지만 이주하고 싶은 지역에 '이주 지원 단체'가 있을 경우는 그곳에 의지해 보는 것도 좋다. 정부의 이주 상담 창구도 좋지만 민간 단체가 더 유연하므로 민간 비영리단체 등이 활동하고 있을 경우는 그곳의 문을 두드려 볼 것을 권한다.

4단계
살 집을 물색한다

　다음 단계는 이사인데, 그 지역에 대한 정보가 없는 만큼 이것이 의외로 어려울 때가 있다. 기본적으로 그 지역에 대한 정보가 있을 리 없으므로 지역 주민이나 부동산 중개소의 직원에게 "이런 식으로 살고 싶은데, 추천하는 지역

은 어디인가요?"라고 묻는 것이 필수다. 지방 도시라도 지역에 따라 문화가 다를 수 있으므

로 자신에게 맞는 곳을 찾자. 우리 가족의 경우는 '육아 세대가 많고 치안이 좋은 장소'를 찾은 결과 타지에서 전근을 온 사람이 많고 비교적 집세가 비싼 지역을 추천받았다.

　그리고 또 한 가지, 지방은 부동산 정보가 상당히 폐쇄적이므로 프랜차이즈 체인 계열의 부동산 중개소는 그다지 추천하지 않는다. 나도 이주하면서 아내와 함께 중개소 네 곳 정도를 돌아다녀 봤지만 괜찮은 집은 찾지 못했다. 그래서 '다음 달에 다시 와서 찾아봐야 하나'라고 포기하며 구글 지도를 열었는데, 때마침 근처에 이 지역 사람이 운영하는 작은 부동산 중개소가 있기에 찾아가서 물어봤다. 그랬더니 놀랍게도 좋은 매물 정보가 마구 쏟아지는 것이었다. 역시 현지인 업자가 좋은 정보를 더 많이 갖고 있는 모양이다. 이야기를 들어 보니 부동산 업자와 그 매물의 주인이 친구여서 다른 곳에는 정보가 나가지 않았다고 한다. 이렇게 집을 찾을 때는 선배 이주자에게 "어떤 부동산 중개소를 이용하셨나요?"라고 물어볼 것을 권한다. 도시와 지방은 정보의 유통 경로가 다르기 때문에 기본적으로 현지인 업자에게 의지하

는 편이 좋다.

　다만 지금까지 한 이
야기는 시가지의 경우이
고, 시골에서 집을 찾을
때는 또 이야기가 달라진
다. 애초에 부동산 정보 사이
트 자체가 없기 때문이다. 정부 기관에서 운영하는 '빈집 은행'도
지역에 따라 다르기는 하지만 참고 정도밖에 안 된다. 또 정말 좋
은 빈집은 빈집 은행에 올라와 있지 않을 때도 많다.

　시골의 부동산 정보는 완전히 '사람'을 경유해서 흘러든다. 다
짜고짜 찾아가도 소용이 없다. 내가 지금 살고 있는 집도 때마침
이벤트를 통해 알게 된 사람에게서 정보를 얻은 덕분에 입주할 수
있었다. 산속 깊은 시골에 이주하고 싶은 사람은 서두르지 말고
여러 사람에게서 정보를 모으도록 하자. 이것만큼은 시간이 필요
하다.

5단계
일자리를 찾는다

마지막 단계는 일자리다. 이주 뒤에도 계속할 수 있는 일이 있는 사람은 이 단계를 읽지 않고 건너뛰어도 상관없다. 이번 단계는 '지금 하고 있는 일을 그만두고 이주하는 사람', '어떤 이유로 일을 계속할 수 없게 되어 심기일전하고자 이주하는 사람'을 위한 이야기다.

내가 추천하는 방법은 '일단 이주한 뒤에 일자리를 찾는다'는 무계획적인 접근법이다. 불안감이 크겠지만 의외로 어떻게든 되기 마련이다. 저금해 놓은 돈이 100만 엔 정도 있으면 시골에서는 생활비도 저렴하므로 여유 있게 좋은 일자리를 찾을 수 있을 것이다. 앞에서 이야기했듯이 '이주한 뒤'에 하고 싶은 일을 발견하는 경우도 많으며 일거리도 당신을 찾아오게 된다.

저금해 놓은 돈이 전혀 없어서 당장 일을 해야 하는 경우는 일단 아르바이트를 해서 먹고살자. 어지간히 과소지가 아닌 이상은 아르바이트를 모집하는 곳이 있을 것이다. '그래도 아르바이트는 좀 그런데'라고 생각하는 사람은 각종 구인 사이트나 정부 기관이

운영하는 이주 상담 창구를 이용해 일자리를 찾아보자. 고치 현의
경우 '일자리 찾기'에 관해서는 현청 내의 이주 상담 창구가 매우
잘 기능하고 있어서, 내 주변에도 상담 창구를 통해 일자리를 찾
아서 이주한 사람이 세 명 정도 있다. 원하지 않는 일자리를 어쩔
수 없이 승낙한 것도 아니며, 다들 즐겁게 일하고 있다. 현 시점에
서 이주자에 대한 일자리 소개는 민간보다 정부 기관에 더 강점이
있는 듯하다.

  개인적으로는 아르바이트로 시작해도 괜찮지 않느냐고 생각한
다. 이런저런 저항감은 있겠지만 편하게 생각하자. 아르바이트를
한다고 해서 죽지는 않는다. 먼저 반년 정도는 아르바이트로 생계
를 꾸려 나가고, 지역을 돌아다니면서 부동산과 일자리 정보를 모
아 볼 것을 권한다. 인재 부족으로 고심하고 있는 사업자가 도처
에 있다. 오히려 정사원 자리를 확보하면 기껏 이주했는데 다시
운신의 폭이 좁아지기 쉬우니 그렇게까지 서두르지 않아도 된다
고 생각한다.

'지역 부흥 협력대'의
함정

이주 후 직업 찾기에 있어 매우 중요한 키워드이므로 꼭 설명해 두고 싶은 것이 있다. 바로 '지역 부흥 협력대'다. 이것은 총무성이 실시하고 있는 사업으로, 간단히 말하면 '최장 3년 동안 관공서의 직원으로 급여를 받으면서 지방에서 일을 하며 생활할 수 있는' 제도다. 아베 정권이 추진하고 있는 '지방 창생' 정책으로 앞으로도 협력대를 계속 늘릴 방침이라고 한다.

뭐니 뭐니 해도 수입이 3년 동안 보장된다는 것은 정말 매력적이다. 일반적으로는 3년의 임기 동안 스스로 다음 일자리를 만들어서 졸업한 뒤에 자력으로 그 지역에 정착하는 것을 이상적으로 여긴다. 내가 사는 모토야마 정에도 '지역 부흥 협력대'를 계기로 마을에 살기 시작해 졸업한 지금도 계속 살고 있는 사람이 여럿 있다. 찬반양론은 있지만 나는 매우 좋은 제도라고 생각한다. 협력대 모집 정보는 전용 웹사이트에서 쉽게 확인할 수 있다. 수시로 정보가 추가되니 '일자리는 없지만 지방으로 이주하고 싶은' 사람은 꼭 들어가 보기 바란다.

다만 현실은 그렇게 장밋빛만은 아니어서, 설립 목적과 달리 지역 부흥 협력대에 들어가서 이주에 '실패'하는 사람이 속출하고 있기도 하다. 가장 유명한 실패 사례는 나가사키 시의 경우다. '나가사키 시 지역 부흥 협력대'를 검색하면 과거에 협력대원이었던 사람의 비통한 이야기를 볼 수 있다. 협력대가 되고 싶으면 반드시 읽어 봐야 할 자료다. 무슨 이야기인가 하면, 요컨대 '협력대로 부임했지만 해당 관청이 제도 자체를 제대로 이해하고 있지 못한 탓에 전혀 활약하지 못한 채로 임기를 마쳤다'는 내용이다. 이런 이야기는 나가사키 시뿐만 아니라 각지에서 들려오고 있다. 심하게 표현하면 현 시점의 '지역 부흥 협력대'는 '젊은이의 귀중한 인생을 망치는 제도'도 되고 있는 것이다.

다시 한 번 강조하지만, 황당한 경험담이 정말로 많다. 얼마 전에 협력대로 이곳에 온 분에게 들은 이야기를 소개하겠다. 그는 영어 실력이 우수하고 해외 경험도 풍부한 인물로, '일본을 찾아오는 관광객의 수를 늘리고 싶다'는 개인적인 사명을 갖고 관청에 부임했다. 그런데 그를 기다리고 있었던 것은 철저한 몰이해였다. 일단 상사로 보이는 사람에게 "이번에 부임했습니다만 앞으로 제가 뭘 하면 될까요?"라고 물었는데, "음……, 이 자료를 영어로 번역해 주겠나? 아, 그리고 복사기 수리를 부탁하네"라는 대답을 들었다고 한다.

　이런 일에 세금이 쓰이고 있다는 것은 솔직히 충격적이다. 지역 부흥 협력대는 관청의 잡일꾼을 확보하기 위한 제도가 아니다. 복사기 수리공을 채용하는 것이 아니라 '지역 부흥'을 협력하는 제도다. 다만 행정기관만을 비난하는 것은 가혹한 처사다. 그들은 이전까지 채용 활동을 한 적도 없고 외부에서 온 인재를 관리한 적도 없다. 현장이 제대로 대응하지 못하는 것도 무리는 아니다. 이것은 오히려 중앙 정부의 실책이며, '관청 직원에게 채용·관리를 위한 훈련을 시킨다', '모집할 때 개인적인 사명을 명기하게 한다', '어느 정도 훈련된 인재만을 고용한다' 같은 제도적 개선을 조속히 실시해야 한다.

　안타깝지만 2015년 현재로서는 지역 부흥 협력대의 취지를 전혀 살리지 못하고 있는 지방자치단체가 상당수 있다. 조금 심하게 말하면 웹사이트에 올라와 있는 지방자치단체 중 절반 이상이 그렇다. 이렇게 말하면 화를 내는 사람도 일부 있겠지만 나는 단언할 수 있다. 현시점에서 지원하는 사람은 실패할 확률이 높다고 생각하는 편이 좋다. 이제 막 시작된 제도이므로 개선되기까지 다소 시간이 걸리는 것은 어쩔 수 없는 일이다.

　그러므로 지역 부흥 협력대를 검토하고 있는 사람은 지방자치단체가 협력대를 어떤 태도로 받아들이고 있는지 공들여 조사하기 바란다. 기본적으로 처음 모집하는 지방자치단체는 피해야 한다. 이미 졸업생을 다수 배출한 지방자치단체 중에서 찾도록 하자. 고치 현의 경우, 내가 살고 있는 모토야마 정은 이미 선배도 많으니 추천한다. 지원하면 면접을 보게 될 것인데, 반대로 여러분이 그 지방자치단체를 면접한다는 생각으로 임하면 실패의 위험성을 줄일 수 있지 않을까 싶다.

또 내가 운영하고 있는 온라인 카페 '로컬와이즈'에서는 협력대 관련 정보도 다수 제공하고 있으며 "이 지방자치단체는 어떤가요?"라는 질문에도 답변해 주고 있다. 진심으로 지역에 이주하고 싶은 사람에게는 좋은 커뮤니티이니 꼭 들어가 보기 바란다.

'시험 이주'로 이주를 간이 체험해 보자

지금까지 이주의 5단계를 설명했는데, 어쨌든 간에 느닷없이 도쿄에서 지방으로 이주하는 것은 역시 힘든 일이다. 그러나 요즘은 참 좋은 시대여서, 지방자치단체 중에 저렴한 가격에 장기간 체류할 수 있는 '시험 이주' 제도를 운영하는 곳이 여럿 있다. 지방으로 이주를 검토하고 있는 분은 먼저 이런 제도를 이용해 보면 좋을 것이다.

가령 내가 사는 고치 현의 레이호쿠 지방에서는 도사 정 산업진흥과가 단독주택을 초저가에 빌려 주고 있다. '레이호쿠 스켈톤'이라는 이 고장의 목재를 사용한 키트로 지은 집으로, 2층 건물에 주차장이 딸린 호화로운 단독주택이다. 조리 기구, 냉장고, 세탁기 등 생활에 필요한 도구와 가전제품이 전부 갖춰져 있어 지역 슈퍼마켓에서 식재료를 구입하면 밥도 해 먹을 수 있다. 이주 희망자는 이 집을 1박당 3,080엔에 이용할 수 있다.

도사 정의 모델하우스의 경우는 최대 3박까지이지만, 지역에 따라서는 일주일, 한 달, 반년 같은 단위로 빌릴 수 있는 집도 있다. 매우 좋은 제도이니 '시험 이주'로 검색해서 마음에 드는 장소를 찾아보기 바란다. 고치 시의 '시이노키'는 방 하나를 첫 2박까지 3,240엔, 이후 1박에 1,080엔이라는 저렴한 가격에 이용할 수 있으며 시골 생활과 읍내 생활을 모두 체험할 수 있으니 추천한다.

내 경우는 이주를 검토하던 시절에 히다후루카와라는 지역에서 일주일 동안 시험 체류했다. 시기는 눈이 많이 내리는 2월이었는

데, 추위가 심상치 않았다. 역에서 주택까지 도보로 10분 거리였
는데, 진심으로 도로에서 얼어 죽는 줄 알았다. 눈 때문에 앞으로
나아갈 수가 없는 데다가 귀가 떨어져 나갈 듯이 추웠던 것이다.
멋진 문화와 경치가 마음에 드는 장소였지만 추위 때문에 역시 여
기에서 사는 것은 무리라고 강하게 느꼈다. 시험 이주 제도가 없
었다면 무작정 이주했다가 후회했을지도 모른다.

장기간 시험 이주를 하면 자연스럽게 그 지역 사람들과의 네트
워크도 생겨나며, 그 네트워크를 통해 일자리·주거지 정보도 얻
을 수 있다. 시험 이주 거점이 속속 늘어나고 있으니 이용해 보기
바란다.

여담이지만, 이 제도를 이용해 상당히 저렴한 비용으로 전국을
여행할 수 있다. 이용하지 않으면 손해일 만큼 좋은 제도다.

'다지역 거주'라는
미래적인 선택지

도쿄를 완전히 버린 나 같은 스타일이 아니라 도쿄에 거점을 남

긴 채 지방에도 생활 거점을 두는 '다지역 주거'라는 이주 스타일
도 가능하다. 가령 IT 저널리스트인 사사키 도시나오佐々木俊尚 씨
는 도쿄, 가루이자와, 후쿠이에 거점을 두고 있다. 이 이주 스타일
이 이상적인 것은 여러 생활터전에서 다양한 '자극'을 받을 수 있
어 창작의 폭이 넓어진다는 점에 있다고 생각한다. 나는 고치에서
만 살기 때문에 옆 동네인 도쿠시마 현에 관한 글을 쓸 수가 없다.
그러나 만약 내가 도쿠시마에도 거점을 둔다면 그곳에서 인맥을
넓혀 '나만의 콘텐츠'를 늘려 나갈 수 있을 것이다. 창작물을 만드
는 일을 하는 사람에게는 복수의 거점을 갖는 것이 매우 합리적이
다. 그래서 나는 언젠가는 '시코쿠 전역에 거점을 둔다'는 야망을
남몰래 품고 있다.

내 아내는 교토를 좋아해서 가장 먼저 교토에, 그것도 가능하면
바다가 보이는 북부 지역에 거점을 두고 싶어 한다. 교토 북부는
시골이므로 집세도 저렴하고 호쿠리쿠 지방과도 가까우므로 행동
범위가 넓어진다. 게다가 생선이 맛있다. 태평양과 동해는 잡히는
어패류의 종류가 완전히 다르므로 가능하면 양쪽에 거점을 갖고
싶다.

앞으로 사회가 더욱 유동화되면 다지역 거점이라는 선택지도
일반적이 되어 갈 것이다. 알기 쉽게 설명하면 누구나 '별장'을 부

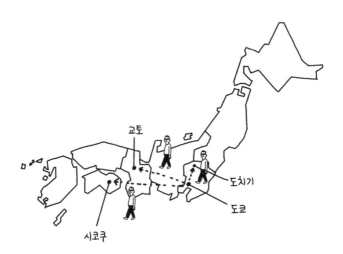

담 없이 가질 수 있게 되는 느낌이다. '아르바이트를 하는 고교생도 별장을 가질 수 있는 시대'가 머지않았다. 실제로 내가 아는 이들 중에서도 '매달 수천 엔만 내면 개보수를 마친 각지의 빈집에서 자유롭게 머물 수 있는 비즈니스'를 시작하려고 하는 사람이 여럿 있다. 현재 일본 전역에 집이 남아돌고 있으므로 혼자서 여러 채의 집을 이용하는 것이 점점 자연스러워질 것이다. 앞으로 찾아올 미래가 기대된다.

자꾸 말하게 되지만, 35년 상환 대출을 받아서 도쿄에 집을 산 사람은 20년 뒤쯤 후회하게 될 것이다. "내가 왜 그 많은 빚을 지면서 이 작은 집 한 채를 사려고 했을까"라고 말이다.

'이주 상담 창구'에서 지혜를 빌릴 수 있다

제도에 관한 이야기를 조금 더 보충하고 넘어가도록 하겠다. 최근에는 각 지방자치단체가 '이주 상담 창구'를 설치했으니 이주를 검토하고 있는 분은 이곳을 찾아가 보기 바란다. 전문 상담원이 이주와 관련된 여러분의 고민에 대답해 준다. 고치 현의 경우 현청 내에 이주 상담 창구가 설치되어 있으며 도쿄와 오사카에도 상담 창구가 있다. 굳이 지방에 직접 찾아가지 않아도 주말에 친절하고 정중하게 이주 상담을 받을 수 있어 편리하다.

상담원들은 특히 고용 정보를 많이 갖고 있으므로 급여나 대우를 포함해 자신이 바라는 것을 직접적으로 문의해도 좋을 것이다. 내 지인 중에도 이주 상담 창구 덕분에 일자리를 발견해 고치로 온 사람이 있다.

이주 지원을 받고 싶다면 지방자치단체보다 NPO를 찾아가라

지역에 따라서는 자치단체가 설치한 이주 창구와는 별도로 이주를 촉진·지원하는 비영리단체, 즉 NPO^{Non Profit Organization}가 활동하는 경우도 있는데, 이런 지역을 이주지로 강력 추천한다. 이미 많은 이주자가 살고 있으며 선배 이주자의 만족도도 높다는 증거이기 때문이다. 누군가의 부탁을 받지도 않았는데 '여기는 정말 좋은 곳이니 이주자를 늘리고 싶어!'라는 생각으로 민간인들이 NPO를 설립했다는 것은 참으로 멋진 일이다.

NPO를 이용할 때의 이점은 많다. 먼저, 그들은 그다지 업무 시간에 얽매이지 않는다. 지역 NPO를 찾아가서 "이주를 검토하고 있습니다만……"이라고 상담을 구하면 "그러신가요? 그러면 한잔하면서 이야기하지요"라며 술집으로 데려가 밤새 그 지역에 관한 이야기를 들려주기도 한다. 반면에 행정기관의 창구 직원과 술을 마시며 이야기를 나누기란 좀처럼 어렵다.

또 이주 지원 NPO는 특정 지역에 얽매여 있지 않으므로 이주 선택지를 폭넓게 제안한다. 무슨 말인가 하면, 자치단체의 창구에서는 '그 지역 이외의 이주는 추천하지 않는다'는 뜻이다. 고치 현 모토야마 정의 창구에 가면 당연히 '모토야마 정에서 살기 위한 정보'만을 제공한다. 그들에게서 "당신에게는 고치 시 도사야마가 더 어울리니 그곳으로 가 보시면 어떻겠습니까?"라는 이야기를 듣기는 좀처럼 쉽지 않을 것이다. 이것은 행정기관이 악독해서가 아니라 구조적인 문제가 있기 때문이다. 행정기관과 상담할 경우에는 '기본적으로 그 지역의 정보, 지원만을 얻을 수 있음'을 명심하자.

　한편 NPO와 상담할 경우는 "음, 솔직히 말씀드리면 이 마을하고는 잘 맞을 것 같지 않습니다. 다른 곳을 생각해 보시면 어떻겠습니까?"라는 제안을 비교적 쉽게 받을 수 있다. 실제로 나는 그런 조언을 종종 한다. 고치 현은 넓기 때문에 그 사람이 활약할 수 있는 장소, 바람을 이룰 수 있을 것 같은 장소가 다른 지역에 있을 때가 많다. 애초에 "나는 꼭 이 지방으로 이주하고 싶어!"라고 특정 장소를 고집하는 이주자는 많지 않으며, 대신 "시골 생활을 하고 싶어!", "빈집을 활용하고 싶어!" 같은 식으로 장소에는 그다지 집착을 보이지 않는 경우가 대부분이다. 그런 의미에서 지방자치단체가 이주 촉진 정책을 펼치면 이주자가 원하는 바를 정확하게 파악하지 못해 만족도와 정착률을 떨어뜨릴 우려가 있다. 이것은 정책적인 제안인데, 이주 촉진 사업은 기본적으로 운신의 폭이 넓고 타 지역도 추천이 가능한 NPO에 맡기는 편이 좋을 것이다.

다만 아직 이주 지원 NPO가 있는 지역이 적은 것도 사실인데, 고치는 예외적으로 '레이호쿠 농촌 생활 네트워크', '도사야마 아카데미', '스사키 시에서 살자', '이나카미', '시골 파이프' 등의 단체가 이주 촉진 활동을 왕성하게 펼치고 있다. 또한 교토, 후쿠오카, 나가사키, 에히메, 도쿠시마 등도 NPO가 활발히 활동하는 편이다. 이주를 검토하고 있는 분은 '이 지역에는 이주 지원 NPO가 있는가?'를 검토 항목에 포함시킬 것을 권한다.

지금 기절초풍할 만큼 많은 보조금이 나오고 있다

지방자치단체에 따라서는 이주자를 대상으로 거액의 보조금을 제공하는 곳도 있다. 유명한 예가 고치 현의 유스하라 정이다. 인구 3,700명 정도인 이 마을은 이주자에게 두둑한 특전을 제공하고 있는데, 그 효과로 산간벽촌임에도 인구 감소가 멈추었고 어린 아이의 수도 늘어났다고 한다. 지방자치단체가 정말 마음먹고 대책을 내놓으면 3,000명 정도의 마을에서는 인구 감소를 멈출 수 있음을 실제로 보여 준 사례다. 아직 전국적으로는 그다지 주목을 받지 못하고 있지만, 앞으로 유스하라 정은 '과소지 자치단체의 경영'에 대한 하나의 롤모델이 되어 갈 것이다.

　그러면 유스하라 정이 어떤 지원책을 펼치고 있는지 간략하게 살펴보자. 먼저 놀라운 것은 주택 신축에 대한 보조금이다. 지역 목재를 사용해 주택을 신축하면 최대 200만 엔을 보조해 주고, 이주자가 40세 미만이라면 여기에 100만 엔을 더 보조해 준다. 신축이 아닌 증개축에도 최대 100만 엔을 보조하며, 태양광이나 친환경 급탕 등 에너지 관련 보조금까지 제공한다. 실제로 어떤 이주자는 합계 400만 엔에 가까운 보조금을 받아 신축 주택을 지었다고 한다. 시골의 토지 가격이야 어차피 얼마 되지도 않고……. 역시 집을 짓기 위해 35년 상환으로 대출을 받을 필요는 전혀 없는 것이다.

　또한 빈집을 자치단체에서 구입해 개보수한 뒤 이주 희망자에게 빌려 주고 있다. 일반인이 빈집을 활용하기는 어려운 일이므로

이 시도에는 높은 점수
를 주고 싶다. 그 밖에도
한 달에 1만 5천 엔으로
지낼 수 있는 이주 촉진
주택도 있다.

이어서 육아 지원을
살펴보자. 무엇보다 놀라운 것은
'보육료와 급식비 전액 무료 정책'이다. 어린이집
에 아이를 보낼 때 돈이 전혀 들지 않는다. 의료비는 15세까지 무
료다. 또한 어린이집을 다니지 않는 아이를 일시적 혹은 장시간
맡아 주는 서비스(아침 7시 반부터 저녁 6시 반까지 하루 1,000엔, 반나절
500엔)도 실시하고 있으며, 물론 어린이집 대기 아동 문제도 걱정
할 필요가 없다.

이 외에도 시민 수영장을 무료로 이용할 수 있고, 7만 엔만 본인
이 부담하면 영국이나 오스트레일리아에 3주 동안 유학을 갈 수
있는 해외 유학 지원 제도도 있다. 간호사 같은 특정 직업의 양성
학교에 진학할 경우 '학교 졸업 후 고향으로 돌아와 일정 기간을
일하면 지원받았던 학자금을 갚지 않아도 되는' 장학금 제도도 준
비되어 있다. 정말 굉장한 지원이다.

사실 유스하라 정은 예외 중의 예외이기는 하지만, 현재 각 지방자치단체가 이주자에 대한 보조 지원책을 확충하는 방향으로 가고 있다. 희망 지역의 공식 사이트에 들어가 어떤 보조 혜택이 제공되고 있는지 확인해 보자.

'빈집 은행'에서 보물찾기

앞에서 지나가듯 언급했던 '빈집 은행'에 관해서도 다시 한 번 소개하겠다. 지방자치단체에 따라 내용 면에 있어 차이가 있기는 하지만, 각 지역에는 '빈집 은행'이라는 데이터베이스가 있다. 이것은 그 지역에 있는 빈집의 활용을 촉진하기 위한 시스템으로, 빈집의 주인이 행정기관에 의뢰하면 웹사이트에 정보를 실어 주는 서비스다.

이 빈집 은행을 보고 있으면 두근거림이 멈추지 않는다. 부동산의 설명에 '토지 면적 불명(도대체 얼마나 넓기에!)'이라고 적혀 있지를 않나, 헛간이나 별채 등의 보조 시설이 쓸데없이 충실하지를

않나, 개중에는 수도 요금이 무료인 곳도 있다. 임대 물건의 경우
는 대체로 임대료가 1~2만 엔으로 초저가 수준이다.

　다만 앞에서도 말했듯이 다짜고짜 산속의 빈집으로 이주하는
것은 위험하다. 아무리 집의 상태가 좋아도 그 지역의 문화에 빠
른 시일 내에 익숙해질 수 있느냐는 다른 문제이기 때문이다. 오
히려 조건이 좋은 빈집일수록 그 지역 사람들이 애착을 갖고 있는
경향이 있기 때문에 조금 경계해야 한다. 의외라고 생각할지 모르
지만 완전히 버려져서 흉가처럼 되어 버린 빈집이 오히려 지역적
으로는 좋은 선택인 경우도 있다.

　먼저 시가지로 1단계 이주를 했다면, 주말을 이용해 관심 있는
지역의 빈집 은행에 올라온 빈집을 실제로 찾아가 보는 것도 좋
다. 역시 직접 보지 않으면 알 수 없는 법이다. 아주 드물게 '뭐?
이런 집이 고작 이 가격이라고?'라는 생각이 드는 숨은 보물을 발
견할 때가 있는 것이 빈집 찾기의 묘미다.

　다만 앞에서도 말했듯이 처음부터 빈집 은행에 올라온 집을 구
입해서 사는 것은 절대 권하지 않는다. 자신감이 들끓어 오르지
않는 이상 '빈집 은행'의 이용은 '2단계' 이주 이후로 미루자. 이것
은 기본적으로 상급자용이다.

　또 한 가지 팁을 소개하면, 경매 물건 중에도 숨은 보물이 많다.

'고치 현 경매'라는 키워드로 검색해 보기만 해도 숨은 보물이 쏟아져 나온다. 경매 물건을 일상적으로 확인하는 습관을 들이면 믿을 수 없을 만큼 좋은 조건의 집을 발견할지도 모른다. 그러나 경매도 '2단계' 이주 이후에 고려하는 것이 바람직하기는 하다.

재미 삼아 경매 물건이나 빈집 은행을 검색하다 보면 어느새 집에 대한 기존의 가치관이 붕괴된다. 100만 엔만 내면 단독주택을 손에 넣을 수 있음을 눈으로 확인할 수 있기 때문이다. 수리에 200만 엔이 들어간다고 치더라도 300만 엔만 있으면 당장 살 수 있는 집이 손에 들어온다. 시골의 빈집은 대부분 부지도 방대하므로 용도는 무궁무진하다. 아직도 비싼 집세를 내려고 도쿄에서 야근을 하며 인생을 소비하고 있는가?

셰어 오피스로
지방에 거점을 만들자

마지막으로 '창업'과 관련된 지원을 소개하겠다. 이것도 전국적으로 정비되어 있지만 그다지 알려져 있지 않은 정보다.

최근 들어 각지에 '폐교'를 이용한 '셰어^{share} 오피스'가 늘어나
고 있다. 고치 현에서는 셰어 오피스를 빌릴 때 다양한 보조금을
받을 수 있다. 다음은 고치 현의 홈페이지에 기재된 셰어 오피스
에 대한 구체적인 정보다(2015년 11월 기준).

고치 현의 셰어 오피스(야스다 정·모토야마 정·도사 정·시만토 정)에 입
주하는 분은 고치 현으로부터 다음과 같은 지원을 사업 개시 후 최대 3
년 동안 받으실 수 있습니다.

- 셰어 오피스 임대료 : 보조율 1/2 (1만 엔 이내/인·월, 추가적으로
  시정촌에서도 1/2 이내의 보조금 또는 면제 있음)·
- 통신 회선 사용료 : 보조율 11/10 (월액 4만 엔 이내)
- 창업 경비(창업 후 6개월 이내) : 보조율 1/2 (100만 엔 이내)
- 사무기기 리스비·능력 개발비 : 보조율 1/2 (연액 50만 엔 이내)
- 고치 현 내 신규 고용 장려금 : 상근 30만 엔/인당, 파트타이머 15만
  엔/인당

예 셰어 오피스에서 종업원 2명(그중 1명 신규 고용), 임대료 월 4만
엔(세금 비포함)으로 사업을 전개할 경우 3년 동안 최대 476만 엔의 보조

를 받을 수 있습니다(시정촌의 임대료 보조를 합치면 최대 548만 엔이 됩니다).

단, 보조금액은 셰어 오피스의 종업원 수와 신규 고용자 수, 실제로 지급한 경비에 따라 달라질 수 있습니다.

정말 파격적이지 않은가? 어느 정도 규모의 비즈니스를 하고 있다면 검토해 보지 않는 것이 손해다. 도쿄의 사무실을 축소하고 그 대신 지방 거점 사무실을 늘리는 것도 좋지 않을까 싶다.

자꾸 홍보를 하게 되는데, 내가 사는 고치 현 레이호쿠 지방은 '시코쿠의 한가운데'에 자리한다. 산속에 위치한 마을이지만 지도를 펼쳐 보면 '시코쿠 어느 지역으로나 접근이 용이한 좋은 입지'이기도 하다. 그래서 나는 이 지역을 '기업의 시코쿠 진출을 위한 거점 지역'으로 삼는 것을 추천한다. 실제로 교통편도 좋고 임대료나 인건비는 낮으면서 생활환경은 최고이니 매우 좋은 선택지라고 생각한다.

그 밖에도 찾아보면 '시골이라는 인식이 강하지만 관점을 바꿔서 보면 접근성이 매우 좋은 지역'이 여럿 있다. 가령 나라 현이나 시가 현 등은 교토와 오사카, 나고야와 가까우므로 간사이에 거점을 만들 때 좋은 선택지가 될 수 있다.

지금은 매일 도심지의 사무실로 출근해야 하는 시대가 아니다.

앞으로 '각지의 중심 도시로부터 조금 떨어진 시골에 거점을 둬서 경영 비용을 억제하는 동시에 사원의 생활 만족도를 높인다'는 전략이 합리적인 경영 방침이 될 것이다. 레이호쿠에서 여러분을 기다리고 있겠다.

지방의 노동 환경은 최고다. 지방에서는 금방 '고독한 환경'을 확보할 수 있다. 도쿄에서는 기사 한 편을 쓰기 위해서 이어폰을 귀에 꽂고 온몸으로 '내게 말 걸지 마'라는 아우라를 발산해야 했다. 끊임없이 울리는 전화벨 소리를 피해 집중하려면 어쩔 수가 없었다.

지금 나는 고치 현의 해발 500미터에 위치한 우리 집 앞마당에서 이 글을 쓰고 있다. 내 경우는 고치 현에 온 뒤로 블로그에 글을 쓰는 효율이 두 배 이상 높아졌다. 덕분에 800만 엔이던 연수입이 2,000만 엔(2억 2천만 원)으로 늘어났다.

에필로그
당신이 지금 힘들게
살고 있는 것은
무능해서가 아니라
'환경'이 나쁜 탓이다

이것으로 이주하고 1년 반 동안 보고 느낀 점을 모두 이곳에 풀어낸 것 같다. 이주 관련 정보는 수시로 업데이트하고 있으니 앞으로는 내 블로그에서 확인하기 바란다.

마지막으로 하고 싶은 말은 '환경을 바꾼다'의 의미에 관해서다. 이 책을 손에 든 독자 여러분 중에는 '회사에서도 전혀 활약하지 못하고, 하고 싶은 일이 무엇인지도 찾지 못하겠고, 하루하루가 우울하고……. 이제 틀렸어'라고 생각하는 사람이 있을 것이다. '정말 열심히 노력하는데, 전혀 성과를 내지 못해. 역시 나는 무능한가 봐'라고 생각하는 사람도 있을지 모른다.

결론부터 말하면 전혀 그렇지 않다. 여러분의 잘못이 아니다.

그저 나쁜 '환경'을 선택했을 뿐이다. 요컨대 '환경'을 바꾸면 여러분은 금방 자신의 일에서 활약할 수 있게 되고, 하고 싶은 일을 발견하게 되며, 정신도 건강해져 자신감을 되찾게 될 것이다.

이렇게 말하는 나도 도쿄에서는 꽤 열심히 노력했음에도 좀처럼 성과를 내지 못했다. 하추 씨라든가 '더 스탠드업(TS)'의 우메키 씨를 비롯한 동세대 블로거들을 보면 '우아, 저 친구들 정말 대단한데? 나는 상대도 안 돼'라는 열등감을 느꼈고, 전혀 늘어날 생각을 안 하는 접속자 수에 좌절하기도 했다. 지금 생각해 보면 정말 바보였다. 환경을 바꾸면 되는 문제였는데 말이다. 아주 간단한 문제였다.

도쿄에서 고치로 주거 환경을 바꾸자 도쿄에서 과제로 여겼던 것들이 전부 깔끔하게 해결되었다. 블로그의 접속자 수는 지속적으로 상승하고 있다. 이주하고 1년 반이 지난 지금도 페이지 뷰는 꾸준히 증가해 이주 전의 5배, 월간 300만 페이지 뷰에 이르렀다. 이대로 가면 500만 페이지 뷰는 충분히 가능할 것으로 보인다. 매출 역시 지속적으로 증가해 이주 전에 비해 2~3배로 성장했다. 이제 블로그만으로 연간 매출 1억 엔 달성은 그다지 어려운 목표가 아닌 게 되었다. 앞으로도 쑥쑥 성장할 것이다.

이렇게 되자 나 자신에게 자신감도 생겨서 도쿄 시절에는 '절대

하지 않겠다'고 결심했던 '인재 채용'도 했다. 이렇다 할 관리는 못
해 주고 있지만 어시스턴트(일명 '블로그 서생')들도 고치에서 즐겁
게 생활하고 있다.

이것은 전부 '환경을 바꾼 덕분'이다. 그저 환경을 바꿨을 뿐인
데 성과가 몇 배가 되고 나 자신에게 자신감을 품을 수 있게 되었
다. 불과 1년 반 사이에 내 능력이 그렇게 변화했을 리가 없다. 실
제로 이주 직후 접속자 수가 두 배로 증가했으니 이것은 기본적으
로 내 능력의 문제가 아니다. 내가 환경을 바꾼 것이 직접적으로
성과에 반영되었다고 해석해야 한다.

인간은 자신의 능력을 과신하는 경향이 있다. 그러나 사실 능력
은 환경의 영향을 크게 받는다. 무능하다고 평가받은 사람도 환경
을 바꾸면 유능한 인물로 탈바꿈한다. 인간이란 그런 존재다.

자극적인 표현을 사용하면, 우리는 '환경의 노예'다. 그럼에도
불구하고 환경의 노예인 우리가 절대적인 존재인 그 '환경'을 자
신의 의지로 '선택'할 수 있게 되었다.

이것은 10년 전만 해도 어려운 일이었다. 그러나 지금은 서점에
가면 '이주', '이직', '휴학', '중퇴' 등 당신의 환경을 바꾸기 위한
조언이 넘쳐나며, 이를 위한 사회 제도와 민간 커뮤니티도 잘 정비
되어 있다.

지금의 사회는 점점 변화하고 있기에 앞으로는 자신의 환경을 선택하기가 더더욱 쉬워질 것이다. 21세기는 '사람들이 자신의 의지로 환경을 선택할 수 있게 된 혁명적인 시대'로 역사에 기록될 것이다.

우리는 본래 '자유로운 존재'다. 국가도 법률도 어떤 의미에서는 환상이다. 극단적으로 말하면 우리에게는 범죄를 저지를 자유조차 있다. 실제로 그런 자유에 발을 들였다가 후회하고 처벌받는 사람도 있다. 우리 대부분이 그렇게 하지 않는 이유는 그것이 윤리적인 행위가 아님을, 비합리적인 행위임을 본능적으로 알고 있기 때문이다.

회사를 그만두는 것도, 학교를 그만두는 것도, 마음에 드는 지역으로 이주하는 것도 여러분의 자유다. 아무도 여러분을 속박하지 않는다. 여러분이 여러분을 속박하고 있을 뿐이다.

그렇다면 '환경을 바꿀 자유'에 발을 들이지 못하도록 저지하는 것의 정체는 대체 무엇일까? '양심'일까? '죄책감'일까? '두려움'일까?

나는 더 많은 사람들이 부담 없이 자신의 환경을 바꿀 수 있어야 한다고 생각한다. '나는 여기에 있어야 해. 이런 모습이어야 해'라는 쓸데없는 '속박'을 자신에게 가하기 때문에 범죄가, 자살이,

전쟁이 일어나는 것이다. 좀 더 스스로 유동적이 된다면 우리 사회는 따뜻하고 풍요로워질 것이다.

먼저 환경을 바꾸자. 이제 그만 도쿄에서 벗어나 그저 인생을 소모하고 사는 지금의 환경을 바꿔 보자. 그러면 내 말의 의미를 감각적으로 이해할 수 있을 것이다.

지금은 정말로 멋진 시대다.

모처럼 멋진 시대에 태어나 살고 있는데 새로운 자유를 경험하지 않는다면 아깝지 않은가?

여러분을 기다리고 있겠다.

2015년 11월 27일

산속의 집에서

이케다 하야토

한계마을로 이주한 후 나는 최고의 행복을 맛보고 있다. 이곳은 없는 것투성이기에 더더욱 기회의 땅이다. 아이들은 진정으로 '살아가는 힘'을 배우고 있다. 이곳에서는 돈이 오가지 않은 채 가치를 교환하는 일도 상시적으로 일어난다.

그야말로 정이 넘치는 '증여 경제'가 실천된다. 지역 특산물을 활용해 인터넷으로 새로운 사업 기회를 찾을 수도 있다. 그러니까 돈은 글로벌하게 벌고 생활은 지역적으로 사는 것이다. 이 모든 가능성과 희망은 시골 빈집으로 오기로 결심하면서부터 시작되었다.

아내와의 인터뷰

아내의 본심

독자 여러분 중에는 지방에서의 생활에 너무 만족한 나머지 앵무새처럼 "최고! 최고!"라는 말만 반복하는 나보다 내 아내의 소감이 더 궁금한 사람도 있을 것이다. 그래서 마지막으로 아내 미키의 이야기를 들어 보려고 한다. 아내는 시골 이주를 어떻게 느끼고 있을까? 짧은 인터뷰지만 재미있게 읽기 바란다.

이주의 단점은?

이케다 이주하고 1년 반이 지났는데, 어때? 좀 느닷없는 질문이긴 하지만, 단점은 없어?

미키   단점이라……. 단점……. 음……. 굳이 단점이라고 한다면……(침묵). 남편이 이러다 알코올 중독자가 되는 건 아닌가 하는 걱정이 든다는 점?

이케다   미안.

미키   그리고 친정이 멀어져서 조금 서글퍼.

이케다   그런 건 있지.

미키   그런데 말이야, 우리 부모님도 고치를 마음에 들어 하시니 이리로 이주하셨으면 좋겠어. 우리가 부모님보다 먼저 시골 생활을 경험하고 있는 과정이라고 생각하면 별로 나쁘지는 않아.

이케다   도쿄에서는 고령자의 돌봄 이주 같은 이야기도 나오고 있으니 말이야. 사실 앞으로 도쿄에서 이런 복지 정책을 받기 어려울 가능성도 있고……. 그리고 육아 환경은 어때?

미키   육아는 훨씬 좋아졌다고 생각해.

이케다   어떤 측면에서?

미키   음, 의식주 전부. 아, 의는 빼도 되겠다. 하지만 식하고 주는 도쿄에서보다 좋아졌어. 그다음은 아이하고 노는 것이 즐거워졌다고 해야 하나? 도쿄에서는 가고 싶은 곳에 가기가 힘들었잖아. 지하철을 타고 이동하려고 해도 무척 힘들었고.

이케다   그랬지. 그건 이 책에도 썼어.

이주해서 좋았던 점

이케다 그러면 이주해서 좋았던 점은?

미키 좋았던 점이라……. 잔뜩 있기는 한데, 무엇보다 고치를 좋아하게 된 것이 좋았어.

이케다 오오, 멋진 말인데?

미키 사실 우리는 딱히 진지하게 이야기를 나누고 계획적으로 이주한 게 아니잖아.

이케다 그렇지. 당신이 고치에 처음 왔을 때 그 자리에서 이주를 결정했으니까.

미키 분위기에 휩쓸렸다고 해야 하나, 즉흥적이었다고 해야 하나. 하지만 그런 것치고는 마음에 들어. 음식이 맛있어서 그런지도 모르겠어. 기대 이상이야.

이케다 원래 먹는 걸 좋아하니까. 식생활은 그전에 비해 어떻게 바뀐 거 같아?

미키 채소를 부담 없이 살 수 있게 됐어.

이케다 정말 그래.

미키 예전에는 있잖아, 하나하나 고를 때마다 '와, 뭐가 이렇게 비싸지? 하지만 아이 생각해서 사자' 하고 샀거든.

이케다   그 마음 이해해.

미키   식생활은 정말 풍요로워졌어.

앞으로의 삶

이케다   한 사람의 여성으로서 앞으로 어떻게 살 생각이야?

미키   글쎄, 별로 생각해 본 적이 없어. 한 사람의 여성으로서?

이케다   아니 그러니까, 그런 거 있잖아. 앞으로 어떤 직업을 가져야 할지 같은 것 말야.

미키   이런 곳에 있으면 뭘 해도 괜찮을 것 같다는 생각이 들어. 주위 사람들을 보면 말이야. 안 그래?

이케다   괜찮지.

미키   과자를 직접 만들어서 파는 것처럼 취미의 연장선상에서 일하고 있다는 느낌을 주는 이주자도 있더라고. 나도 그렇게 계획적인 사람은 못 되니까, 아이가 커서 육아 부담이 줄어들면 그때 가서 생각해 보려고 해. 뭐, 어떻게든 되겠지.

이케다   좋은 생각이야. 도쿄에서 일하고 싶은 생각은 없어?

미키   전혀 없어.

이케다   그렇구나.

미키   이제는 도쿄에서 일한다는 게 상상이 되지 않아. 출퇴근 같은 걸 생각하면 다시 도쿄에서 일하는 건 무리다 싶어. 그렇다고 사는 곳 근처에서 일하는 것도 쉬운 일이 아니고. 어쨌든 '시간에 쫓기지 않는' 이곳에서의 생활이 내 체질에 딱 맞는 것 같아서 그곳으로는 돌아가고 싶지 않아.

이케다   그러고 보면 당신은 그것 때문에 고생 많이 했지. 거의 항상 지각했고.

미키   맞아.

이주가 가져온 가치관의 변화

이케다   여기 온 뒤로 가치관에 변화는 있었어?

미키   조금 긍정적이 된 것 같아.

이케다   나도 그렇게 생각해. 매사에 긍정적이 된 것 같아.

미키   전에는 나 스스로를 부정적이고 천성이 어두운 사람이라고 생각했는데, 요즘은 그런 느낌이 들지 않아. 여기에서는 무슨 일이 닥치든 '어떻게든 되겠지'라는 분위기가 있잖아? 덕분에 저금을 해야 한다는 불안감으로부터는 해방이 되었어.

이케다　맞아.

미키　예전에는 잔고 1만 엔으로도 별 불만 없이 살 수 있다는 건 도저히 믿을 수 없었지만, 지금은 그럴 수도 있다고 생각해. 돈보다는 사람과의 유대가 더 중요하다고 해야 할까? 언젠가부터 미래만 생각하며 살지 않게 됐어. 미래에 대한 불안감이 아주 없어진 건 아니지만.

이케다　걱정한들 의미가 없지.

미키　지금의 우리처럼 부부가 마음을 터놓고 이야기할 수 있느냐가 중요하다고 생각해. 그때그때 허심탄회하게 이야기를 나눌 수 있는 관계성이 있으면 어떻게든 될 거라는 느낌이라고나 할까?

이케다　멋진 마무리 고마워.

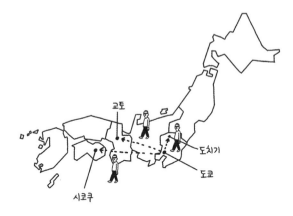

나처럼 도쿄를 완전히 버린 경우가 아닐지라도 도쿄에 거점을 남긴 채 여러 지방에 생활 거점을 두는 '다지역 주거'라는 라이프 스타일도 충분히 가능하다. 우리 집의 경우에도 아내는 교토를 좋아해서 바다가 보이는 북부 지역에 거점을 두고 싶어 한다. 나는 시코쿠 전역에 거점을 두고 다양한 인맥을 사귀며 콘텐츠를 넓혀 나가는 야망을 남몰래 꿈꾸고 있다.

현재 일본 전역에 집이 남아돌고, 매달 수천 엔만 내면 정부 보조금으로 보수를 끝마친 빈집에서 자유롭게 비즈니스가 가능한데 굳이 35년 상환 대출을 받아서 도쿄 근교에 집을 살 필요가 있을까? 아마도 그들은 20년 뒤쯤 후회하게 될 것이다. "내가 왜 그 많은 빚을 지면서 이 작은 집 한 채를 사려고 했을까……" 하고 말이다.

부록	이주에 관해 무엇이든 물어보세요

여기에서 소개하는 질문과 답변은 내 사이트의 질문 코너에 실린 것을 조금 편집한 것들이다. 좀 더 자세히 물어보고 싶은 내용은 내 블로그 〈아직도 도쿄에서 인생을 소모하고 있습니까?〉의 질문 코너에 올리기 바란다(https://ask.fm/nubonba에서 익명, 무료로 질문할 수 있다. 이곳에서 받은 질문은 블로그의 질의응답 코너에 공개하므로 개인 정보는 올리지 말기 바란다).

Q _ 아내가 벌레를 싫어하는데, 어떻게 해야 이주할 수 있을까요?

A _ 이것은 정말 자주 듣는 이야기입니다. 그런데 사실 벌레에는 금방 익숙해집니다. 아마 사모님께서도 막상 이주하시면 벌레에 대한 거부감이 상당히 줄어들 겁니다.

우리 아내도 이제는 거미를 봐도 시큰둥한 반응을 보입니다. 옛날에는 난리도 아니었는데 말이지요. 거미는 익충이어서 집 안에 있는 해충을 알아서 몰아내 줍니다. 요즘은 저도 그렇고 아내도 그렇고 거미를 발견하면 오히려 "수고해라"라며 응원해 주곤 합니다. 거미집을 짓지 않고 집구석을 깡충깡충 뛰어다니는 거미(깡충거미) 같은 놈은 눈에 익숙해지면 오히려 귀엽습니다. 참고로 이놈들은 바퀴벌레 유충을 잡아먹는다고 합니다.

시골 생활을 하면 등에나 벌도 많이 봅니다. 처음에는 겁이 나지만 지금은 등에 같은 경우 맨손으로 쫓아낼 수 있게 되었습니다. 그놈들, 의외로 둔감합니다. 애초에 그다지 쏘이는 일도 없기 때문에 내버려둬도 별 상관은 없습니다(혹시나 딸이 쏘이면 안 되니까 몰아내기는 합니다).

벌은 이제 완전히 익숙해졌습니다. 사실 벌의 대부분은 쏘지 않습니다. 저희 집 마당에는 몸이 검은 '호리병벌'이 많은데, 이놈들

은 공격성도 없기 때문에 그저 '오늘도 열심히 벌집을 짓고 있겠
군'이라고 생각하며 지나칩니다.

다만, '벌레에는 금방 익숙해진다'는 것이 제가 경험한 사실이
기는 해도 이렇게만 대답하는 것은 무책임하니 다른 방법도 제시
하겠습니다. 이것은 아주 간단한 해결책인데, 중심 시가지에 살면
됩니다. 그러면 벌레를 싫어해도 상관없습니다. 고치 현을 예로
들 경우, 고치 시의 중심부에 살면 됩니다. 도쿄의 생활과 거의 차
이가 없습니다.

벌레를 전혀 안 보고 살 수는 없습니다. 이것은 도쿄도 마찬가
지입니다. 좋은 집에 살면 바퀴벌레는 피할 수 있으니 바퀴벌레가
싫다면 조금 예산을 높게 잡으시기 바랍니다. 저는 고치 시에서
한달 집세가 6만 3천 엔인 집에서 살았었는데, 바퀴벌레를 단 한
번도 본 적이 없습니다.

어쨌든, 벌레는 조만간 익숙해지니 그다지 신경 안 쓰셔도 됩니
다. 고치로 이주하신다면 저희 집에 놀러 오셔서 귀뚜라미를 드셔
보시기 바랍니다. 귀뚜라미를 먹을 수 있게 되면 어지간한 벌레는
신경 쓰지 않게 될 겁니다.

Q _ 결혼한 30대 남성입니다. 지방으로 이주하고 싶지만 도시를 좋아하는 아내가 "지방은 좀 ……"이라면서 망설입니다.

A _ 이 질문도 자주 받습니다. 신기하게도 아내와 남편의 입장이 반대의 경우는 들어 본 적이 없네요.

이에 대한 대책은 '당신이 무엇을 소중히 여기는가?'를 상대에게 물어보는 것에서 시작됩니다. '도시가 좋다'면서 이주를 망설이고 있다면 자세한 이유를 물어보십시오. 이것은 실화인데, 같은 고민을 안고 있던 어떤 남성이 아내의 이야기를 잘 들어 보니 '지방에는 좋은 미용실이 없다', '지방에는 예쁜 카페가 없다', '도시에는 패션 빌딩이 있는데 지방에는 없다' 등이 지방 이주를 꺼리는 이유였다고 합니다. 그래서 "좋아, 그러면 먼저 여행을 가 보자"라고 아내를 설득해 그 지역의 예쁜 카페를 돌아다니고, 현지인에게 소개 받은 미용실에 데려가고, 고풍스러운 중고책 서점에도 들렀다고 합니다. 그랬더니 아내의 태도에 변화가 나타났다고 하더군요. '어, 지방도 괜찮을 것 같은데?'라고 생각하기 시작한 것입니다. 남편은 그 기회를 놓치지 않고 "여기는 육아 환경도 좋아", "밥도 맛있고", "자연 속에서 놀 수 있어", "일자리도 있어"라고 갖가지 이유를 들어 설득해 결국 가족과 함께 이주하는 데 성공했습니다.

　요컨대 지방을 망설이는 이유는 대체로 '착각'에서 비롯됩니다. 지방에서 살다가 도시로 온 사람은 15년 전 과거의 모습으로 지금을 판단하는 경우가 많습니다. 이주를 망설이더라도 직접 현지로 데려가서 이곳저곳을 보여주면 '여기도 괜찮을지도……'라고 생각하게 될 것입니다.

Q _ 수도권에서 사는 30대 주부입니다. 아이는 아직 없어요. 결혼은 했습니다만, 저 혼자 이주하는 것도 괜찮을까요? 남편은 일 때문에 올 수 없지만 일단 저 혼자라도 이주하고 싶습니다.

A _ 이거 굉장히 재미있는 질문이네요! 이른바 '별거 이주'라는 선택은 거의 들어 본 적이 없는 것 같습니다. 하지만 충분히 '가능'합니다. 현재 부부의 관계가 양호하다면 좋은 결정이 되지 않을까요? 주말 부부라고 생각하면서 주말에 남편을 불러 여유롭게 관광을 즐겨도 좋고, 아내가 먼저 이주한 곳에 뿌리를 내리는 데 성공하면 남편의 일자리도 빠른 시일 내에 찾을 수 있을 겁니다.

　'이주는 가족 모두가 함께 하는 것'이라는 암묵의 규칙이 있다는 기분이 드는데, 이 또한 착각, 잘못된 믿음입니다. 가령 '남편은 도쿄, 아내는 나가노'에서 거주한다면 거리도 가까우므로 오히려 지방에 별장을 둔 것처럼 지낼 수 있어 생활의 질이 높아질 것입니다. 부부의 형태는 각기 다양하니 독자적인 스타일을 실현해 보시기 바랍니다.

Q _ 해외 이주는 검토하고 있지 않으신가요?

A _ 저는 일본을 좋아하기 때문에 해외는 검토하고 있지 않습니다. 하지만 외국으로 이주하는 것도 매우 재미있으리라 생각합니다. 각자의 취향 문제일 뿐이므로 일본보다 외국이 더 좋다면 그것도 좋은 선택이 될 것입니다. 최근에는 주목받는 거주지로 독일 베를린이 떠오르고 있는 모양입니다. 그다음은 베트남이나 필리핀 같은 동남아시아이고요.

　다만 최근 들어 느낀 점은, 사람 사는 곳은 다 비슷하다는 것입니다. 가령 제가 제4부에서 쓴 '새로운 시골 생활'에 관한 이야기는 지금 미국에서도 '퍼머컬처(permaculture, 영구적인(permanent) 농업(agriculture)이라는 두 단어의 합성어로 식량, 토양, 수자원, 에너지, 주거지 등 인간에게 필요한 자원을 공급하기 위한 시스템을 자연생태계와 조화롭게 만드는 방법을 뜻함 - 편집자)'라는 키워드로 이야기되고 있다고 합니다. 그렇다 보니 굳이 외국에 나갈 필요 없이 이미 터전을 닦은 이곳에서 하면 되겠다는 생각이 들더군요. 어차피 제가 미국에 갔더라도 같은 일을 했을 테니까요.

재미있는 이야기인데, 최근 들어 선진국 젊은이들의 기호와 패션이 비슷해지고 있다고 합니다. 세계의 멋진 젊은이들은 대부분 '애플 제품을 들고 다니고, 자신이 사는 지역에 대한 애착심이 강하며, 채식주의적인 경향에, 개방적이고, 불평등하게 차별 대우 받는 소수자 집단인 마이너리티minority에게 관대하며, 단순한 디자인의 자연 소재 옷을 입는다'고 합니다.

신기하게도 저는 '도시에서 회사원으로 일하는 일본인 친구'보다 '외국에서 퍼머컬처적인 생활을 하는 처음 만난 젊은이'와 훨씬 더 말이 잘 통하고 순식간에 친해질 자신이 있습니다. 그 자리에서 이야기꽃을 피우다 "좋았어! 일본의 빈집 문제를 체험하고 싶다 했으니 함께 황무지를 개간하러 갑시다!"와 같은 전개가 일어날 수 있을 법도 합니다. 언어의 장벽조차 뛰어넘어 친분을 쌓을 수 있으리라고 생각합니다.

저는 일본에서 저의 터전을 닦고 그곳을 바탕으로 저와 관심사가 같은 외국 사람들과 유대를 맺는다면 그것으로 충분하다고 생각합니다. 지금은 멋진 시대여서, 제가 재미있는 장소를 만들어 놓으면 저절로 외국에서 사람들이 찾아옵니다. 익숙하지 않은 외국에서 제로부터 시작하기보다는 익숙한 일본에서 제 작품을 만들고 그것을 통해 외국의 친구들과 유대를 맺고 싶습니다.

Q _ 시골의 흡연 환경은 어떠한가요?

A _ 이것도 재미있는 관점의 질문이군요. 도쿄에 비하면 지방은 흡연 제한이 없습니다. 바꿔 말하면 흡연자에게 관대한 분위기가 아직 남아 있지요.

저는 비흡연자이고 담배도 싫어하기 때문에 이것만큼은 별로라고 생각했습니다. 그런데 고치 시내에서 3개월 정도 생활하면서 거리에서 담배를 뻐끔뻐끔 피우고 있는 사람을 봐도 불쾌함이 느껴지지 않았습니다. 도쿄에 살았을 때는 길거리 흡연을 하는 아저씨를 매일같이 증오했는데 말입니다. 그래서 왜 그런지 생각해 봤는데, 고치 현 같은 지방은 사람과 사람의 거리가 물리적으로 멀기 때문에 그렇습니다. 거리를 걷는데 담배를 뻐끔뻐끔 피우는 사람이 있어도 그 사람과의 거리가 있기 때문에 그다지 불쾌함을 느끼지 않는 것이지요. 카페에서도 담배를 피우는 사람으로부터 멀리 떨어진 곳에 앉으면 딱히 '흡연 제한'을 하지 않아도 문제가 없습니다. 고치 현의 가게는 기본적으로 한산하기 때문에 갑자기 옆자리에 흡연자가 앉을 일도 없습니다. 실제로 그런 경험은 겪어 본 적이 없고, 설령 그런 일이 일어나더라도 빈자리로 이동하면 그만입니다. 인구 밀도가 낮다는 것은 참으로 좋은 일입니다.

또한 제가 살고 있는 한계마을 같은 장소에서는 누가 언제 어디에서 담배를 피우든 아무도 신경 쓰지 않습니다. 잡초를 태우는 연기 냄새에 다들 익숙하기 때문에 담배 연기 같은 것은 신경도 쓰지 않습니다.

흡연 습관 자체는 본인의 건강에도 좋지 않지만, 좋아한다면 어쩔 수 없겠지요. 도쿄의 엄격한 흡연 제한에 진저리가 난 흡연자는 지방으로 가면 담배를 피우기가 훨씬 편해질 것입니다.

Q _ 독신이고 애인을 찾고 있습니다. 결혼하기 위해 이주한다는 발상
은 어떨까요?

A _ 최고입니다. 저는 상당히 합리적인 판단이라고 생각합니다.

실제 사례를 봐도, 아이치 현의 대기업을 그만두고 고치로 이주
한 저와 같은 세대의 어떤 블로거는 이주해서 3개월 만에 멋진 배
우자를 만났습니다. '25세부터 32세까지 7년 동안 애인이 없었다'
고 하니 그 놀라운 이주 효과에 경탄할 따름입니다.

왜 결혼을 목적으로 한 이주가 합리적인가 하면, 지방에는 이
성이 더 많기 때문입니다. 결혼 정보 업체에서는 유명한 이야기인
데, 여성의 미혼율은 '서고동저', 즉 후쿠오카 부근으로 가면 결혼
을 원하는 젊은 여성의 비율이 높아진다고 합니다. 반대로 미혼
남성은 도호쿠 부근에 많이 분포합니다. 왜 그렇게 되는지는 잘
모르겠습니다만, 인구 동향의 메커니즘이란 참으로 재미있다는
생각이 듭니다. 참고로 고치 현도 미혼율이 비교적 높으며, 특히
30대 여성의 미혼율은 전국 6위입니다(2010년도). 뭐, 굳이 통계를
들먹일 필요도 없이 지방에는 매력적인 미혼 남녀가 비교적 많습
니다. 지방으로 가서 생활해 보면 알 수 있습니다. 역시 만남의 기
회가 적기 때문이겠지요.

그리고 또 한 가지, 지방으로 이주함으로써 자신을 초기화할 수 있다는 것도 커다란 장점입니다. 앞에서 소개한 블로거가 그 좋은 예인데, 고치 현으로 이주한 뒤 사람이 달라졌습니다. 고치 현의 공기와 이주라는 전환점이 대기업에 종속되어 있던 그를 자유롭게 만들어 본래의 매력이 드러난 것이겠지요.

또한 이성이 가진 가치관도 지역에 따라 상당한 차이가 있다는 인상을 받습니다. 희화적으로 말하면, 아이치 현 부근에서는 '도요타에서 일하는 사람이 최고'입니다. 도쿄도 '애인으로 삼으려면 광고회사 덴쓰에 다니거나 의사 정도는 되어야……' 같은 분위기가 있습니다. 하지만 고치 현에는 도요타 본사도 덴쓰도 없으므로 자연스럽게 사람들의 가치관에도 차이가 생깁니다. 굳이 단적으로 말한다면, 고치 현의 여성은 남성의 직업이 무엇인지를 그다지 신경 쓰지 않는 경향이 있습니다. 아르바이트를 해서 먹고살든 회사원이든 그 사람의 매력을 보고 판단합니다. 이것은 고치 현의 여성이 '자립도'가 높은 것과 관계가 있는 듯합니다. 재미있게도 고치 현은 '여성의 창업률·관리직 비율·유직률有職率'이 전부 전국 최고입니다. 이곳 여성들이 "요즘 남자들은 한심해"라고 말하는 것을 종종 듣습니다.

이성을 판단하는 기준은 의외로 지역에 따라 차이가 있습니다.

자립한 여성이 많은 고치 현에서라면 다른 지역에서 빛을 발하지
못했던 남성도 틀림없이 매력을 발산할 수 있을 것입니다!

　마지막으로, 최근에는 지방자치단체도 '결혼 활동'에 힘을 쏟고
있습니다. 고치 현에서도 지방자치단체가 주최하는 이벤트가 자
주 열리고 있는데, 매번 신청자가 폭주합니다. 애인이 필요한 사
람은 이것을 하나의 목적으로 삼아 지방으로 이주하는 것도 충분
히 좋은 선택이라고 생각합니다.

Q _ '농가에서 자벌형 임업과 수렵'을 해서 먹고사는 것은 어떨까요?

A _ 정말 재미있는 질문이네요! 실제로 그렇게 한다면 많은 돈을
벌 수 있을 겁니다.

　얼마 전에 자벌형 임업 이야기를 들으러 갔는데, 질문하신 것과
같은 방식으로 살고 있는 사람의 사례도 있었습니다. 자벌형 임업
계의 오피니언 리더인 나카지마 겐조中嶋健造 씨의 이야기에 따르
면 '자벌형 임업은 복수 직업이 기본'이라고 합니다. 임업＋농업
＋버섯 재배＋산나물 가공 판매＋수렵＋에코 투어＋게스트 하우
스 운영 등등 시너지 효과를 기대할 수 있는 사업 전개가 열쇠라

는 이야기를 하셨습니다.

빈집을 에어비앤비에 등록해 '수렵과 임업 체험이 가능한 민박'으로 만들면 성공할 것 같습니다. 앞으로는 이런 '시골을 체험할 수 있는 민박'이 유행할 것으로 보입니다.

또 일단 지방으로 이주하면 '이것도 할 수 있겠어. 저것도 할 수 있겠는데?' 같이 다양한 아이디어가 샘솟을 것입니다. '일단 자벌형 임업과 수렵과 농업을 할까 생각 중입니다' 정도의 '느슨한 계획'을 갖고 지방으로 이주하더라도 사는 동안 그 계획에 끊임없이 살이 붙게 됩니다.

지역은 역시 고치 현을 추천합니다. 실제로 고치 현은 자벌형 임업이 왕성합니다. 사카와 정과 모토야마 정의 경우는 지역 부흥 협력대의 자격으로 임업에 종사할 수도 있습니다. 그 밖에도 협력대의 자격으로 자벌형 임업을 할 수 있는 지역이 있을 테니 조사해 보실 것을 권합니다.

Q _ 대학생입니다. 졸업한 뒤에 도시에서 취직하지 않고 곧바로 시골
에 가서 취직해도 될까요?

A _ 매우 좋은 선택입니다. 하지만 주의할 점도 있습니다. 먼저,
졸업 전에 휴학을 신청하십시오. 그리고 활기가 넘치는 지방에서
1~2년 정도 살아 보십시오. 재해 지역 등에는 재미있는 사람이
모여드니 휴학을 하고 활동하기에는 안성맞춤입니다. 물론 고치
현도 추천합니다. 1~2년 정도 현지에서 활동하면 어떤 형태로 일
할 수 있을지 구체적인 계획이 떠오를 겁니다.

참고로 저희 어시스턴트도 대학을 졸업하자마자 프리랜서가 되
어 제 일을 돕기도 하고 빈집을 수리하기도 하며 이곳에서 즐겁게
살고 있습니다. 그 친구 역시 휴학을 하고 재해 지역에서 활동을
했습니다. 그리고 학창 시절의 경험을 살려 현재 고치 현에서 대
활약 중입니다.

어쨌든, 실제로 현장에 가 보는 것이 중요합니다. 장래에 지방
에서 일하고 싶다면 지금 지방에 가 보십시오. 달리 말하면 도시
에서 공부한 정도로는 지방에서 살아남을 수가 없습니다. 하루라
도 빨리 지방에서 경험을 쌓는 편이 좋습니다.

장학금 등의 사정으로 휴학이 어렵다면 대학을 중퇴하는 것도

선택지 중 하나입니다. 지방에서 활약한다는 이상을 실현하는 것과 대학을 졸업하는 것은 별다른 관계가 없기 때문입니다. 실제로 지방에서 활약하고 있는 인재들 중에는 대학을 나오지 않은 사람이 많습니다.

　물론 대학을 그만두는 것은 용기가 필요한 일이므로 실제로 현장에 가 본 뒤에 결정하십시오. 방학을 이용해 지방에서 한 달 정도 살아 보기만 해도 여러 가지가 보일 것입니다. 고치 현 레이호쿠에서 기다리고 있겠습니다.

Q _ 이케다 씨는 부모님과 떨어져서 생활하고 계신데, 장래에 부모님의 돌봄 문제를 어떻게 하실 계획이신가요?

A _ 이것은 중요한 질문입니다. 앞으로 '부모 세대의 돌봄 문제를 어떻게 할 것인가?'는 젊은 이주자들의 공통된 고민이 될 것입니다. 저는 '이주자의 부모 돌봄 문제'를 다음 책의 주제로 삼으려 생각하고 있습니다.

　저희 집의 경우 아직 거기까지는 의논하지 않았지만, 역시 부모님을 '고치 현으로 모시고 싶다'는 것이 본심입니다. 정든 곳을 떠나게 하는 것은 죄송한 일입니다만…….

노인 돌봄과 관련된 환경도 지방이 더 좋습니다. 도쿄에서는 "노인 요양 시설에 빈자리가 없다"는 이야기를 종종 듣습니다만, 지방, 특히 과소지의 경우는 그 문제가 상당히 줄어듭니다. 실제로 '고령자의 돌봄 이주'는 조금씩 현실이 되고 있으며, 돌봄이 필요해진 까닭에 도쿄를 버리고 지방으로 이주한 고령자도 계십니다. 지방이라고 해도 다양하므로 한마디로 단정할 수는 없지만, 인구 과밀 지역인 도쿄보다는 생활과 돌봄 환경이 훨씬 좋지 않을까 생각합니다.

또 지방은 생활비가 저렴하다는 것도 장점입니다. 노후에 수입이 연금밖에 없어도 지방이라면 나름 생활이 가능합니다. 고정 수입이 제한되는 '노후'에야말로 지방에서 사는 것이 합리적인 선택이 됩니다.

뭣하면 제가 작은 집을 지어 드릴 수도 있습니다. 지방이라면 부모를 위해 장애물이 없는 신축 주택을 짓는 것도 그리 어려운 일이 아닙니다. 이것은 도쿄에서는 불가능한 일일 것입니다.

고령자의 경우 '이동'이 문제가 되기 쉬운데, 머지않은 미래에 무인 자동차라는 이노베이션이 기다리고 있으니 걱정하지 않아도 됩니다. 2020년에는 고속도로에서 무인 자동 운전이 시작된다고

합니다. 15년 후에는 '단추 하나만 누르면 자동차가 와서 슈퍼마
켓까지 데려다주는' 미래가 찾아올 것입니다.

현재는 양친 모두 건강하시므로 현실적인 문제로 다가오지는
않습니다. 시대의 흐름과 기술의 진보에 따라 당사자의 판단도 달
라지겠지요. 지금은 '고치로 모셨으면 좋겠고, 모실 수 있도록 환
경을 만들어 놓으려고' 노력하면서 '그때 가서 생각하는' 정도로
대응하고 있습니다.

Q _ 어디로 이주할지 고민 중입니다. 고치 현은 이미 이주자 선배들이
있어서 재미가 없을 것 같습니다. 아직 아무도 개척하지 않은 장소를
선택해야 할까요?

A _ 저는 선배 이주자가 많은 지역을 추천합니다.

먼저, 어떤 시골이든 아직 '선행자 이익'은 독점되지 않았습니
다. 오히려 시골은 아직도 선행자에게 이익투성이인 사업 기획들
이 많이 있습니다. '이거 누군가 시작했으면 대박이었을 텐데'라
는 생각이 드는 사업 기획들이 수없이 잠들어 있습니다.

애초에 지금 이주하려고 한다는 것 자체가 상당한 '선행자'입니

다. 실제로 와 보면 아시겠지만, 이주자가 이미 많다고 해도 할 수 있는 일은 놀랄 만큼 많습니다. 이주자가 많은 지역일수록 그런 일에 관여하게 될 기회도 많을 것입니다. 정말 사람이 크게 모자랍니다. 레이호쿠에 놀러 오십시오. 오시면 제 말의 의미를 알 수 있을 것입니다.

그리고 또 한 가지, 이주자가 많은 지역이 '살기 좋을' 것입니다. 이유는 몇 가지가 있는데, '지역 주민도 이주자를 받아들이는 데 익숙해졌다', '이주자가 이미 커뮤니티를 만들어 놓아서 지역에 융화되기가 용이하다', '이주자가 잘나가는 가게, 이벤트를 하고 있어서 즐겁다' 등입니다. 아이가 있는 경우라면 이주자가 많은 지역이 친구를 사귀기도 쉬워서 도움이 될 것입니다.

제로 상태에서 개척하는 것도 하나의 방법이지만, 조금 짓궂게 말하면 이주자가 적은 지역은 '적은 이유'가 있기 마련입니다. 가령 행정기관이 이주자 모집 의욕이 전혀 없다거나, 접근성이 극단적으로 나쁘다거나, 지역 주민이 마을을 완전히 포기하고 있어서 활기가 없다거나, 젊은이와 여성이 활약하기 어려운 문화가 남아 있다거나……. 그런 장애물을 뛰어넘을 의욕이 충만하다면 이주자가 아직 없는 지역에 가는 것도 괜찮다고 생각합니다.

저는 시간을 허비하고 싶지 않았기 때문에 선배들이 길을 닦아

놓은 고치 현 레이호쿠 지역을 선택했습니다. 제 선택을 참고하신다면 기쁠 것입니다.

Q _ 재해에 관해서는 어떻게 생각하시나요? 고치 현이라면 남해 트로프 지진이 올 것이라고 하던데요. 저는 불안해서 고치 현은 선택하고 싶지 않습니다.

A _ 고치 현의 시민들은 남해 트로프 지진이 올 것이라는 사실을 '잘 알고' 있습니다. 그래서 현의 차원에서 내진 보강을 하고 쓰나미 대책을 세우고 있으며 민간에서도 방재 훈련에 힘을 쏟고 있습니다. 이러한 '높은 방재 의식'은 제가 이주한 이유 중 하나입니다.

기본적으로 일본에 사는 이상 도쿄에 살든 규슈에 살든 지진을 피할 수는 없습니다. 그렇다면 방재 의식이 높은 곳에 사는 편이 생존율을 높일 수 있습니다. 재해가 일어날 가능성이 높고 더불어 주민 의식도 높다는 것은 일본에서는 중요한 '강점'입니다.

가장 무서운 곳은 도쿄 같은 대도시라고 생각합니다. 방재 의식이 낮고, 지진이 발생할 경우 피해도 막대합니다. 빌딩이 즐비한 도심부의 재해 대비가 허술하다는 것은 유명한 이야기입니다.

방재 의식이 높은 고치 현이라면 만약 재해가 일어나더라도 피해를 최소한으로 억제할 수 있을 것입니다. 저는 산속에 살고 있으므로 재해가 일어나더라도 생활에는 그다지 어려움이 없습니다. 물은 얼마든지 있고, 대변은 밭에 보면 그만이고, 채소와 과일도 여기저기서 자라고 있고, 단백질로는 귀뚜라미가 있습니다. 게다가 제가 사는 모토야마 정은 지반이 단단하다고 합니다.

사는 장소에 따라 차이는 있지만, 지방은 도쿄보다 훨씬 재해에 강합니다. 농담이 아니라, 도쿄에서는 재해 피해로 인해 화장실을 쓰지 못하게 되면 정말 난리가 날 테니까요.

Q _ 지방에서 일자리를 구하려 하는데, 추천할 만한 구인·이직 사이트는 없나요?

A _ 좋은 질문입니다. 최근에는 재미있는 구인·이직 사이트도 늘어나고 있습니다. 먼저 소개하고 싶은 곳은 'PARAFT^{paraft.jp}'입니다. 이곳은 '완전 재택근무 가능', '주3일 근무지만 정사원 채용', '지방 거점 있음' 등 새로운 노동 방식에 특화된 구인 사이트입니다. 대표인 나카가와 료^{中川亮} 씨는 제 오랜 친구여서 개인적으로도

응원하고 있는 사이트입니다.

가령 이 'PARAFT'에 올라와 있는 '주식회사 캐스터'는 '온라인 어시스턴트' 서비스를 운영하는 벤처기업으로, 직원 모두가 재택근무를 합니다. 회사에 출근할 필요가 없고, 업무는 전부 온라인으로 처리하는 방식을 채택했지요.

최근에는 이런 채용 조건이 드물지 않아서, PARAFT에 등록된 회사 중에도 '원칙적으로 출근 불필요'라는 조건으로 인재를 모집하는 회사가 여럿 있습니다. 지금은 시대가 달라졌습니다. 고정된 사무실을 가지면 비용이 늘어나 회사에도 부담이 됩니다. 제가 운영하는 이케하야 사무소도 직원 모두가 재택근무를 합니다. 모두가 한자리에 모이는 것은 반년에 한 번 정도로 충분하지 않나 싶습니다.

다른 사이트로는 최근 지방 기업의 고능력 인재 구인에 힘을 쏟고 있는 '비즈리치bizreach.co.jp'도 살펴볼 가치가 있습니다. 지방 기업의 구인이라고 하면 아무래도 연봉이 적다는 이미지가 있는데, 비즈리치는 원래 높은 연봉을 받고 있는 인재를 대상으로 한 구인 사이트인 만큼 고연봉의 고급 인력을 구하는 구인 내용이 대부분입니다. '도쿄에서 경험을 쌓았지만 앞으로는 지방에서 내 능력을 시험해 보고 싶다'고 생각하는 30~40대에게 추천합니다.

'일본 직업 백화점shigoto100.com'에도 지방의 구인 공고가 많이 올라와 있습니다. 여기에는 '급여는 결코 높지 않지만 철학이 있는 멋진 직장'이 많이 등록돼 있습니다. 읽어만 봐도 즐거운 구인 사이트여서 심심할 때 들어가면 빠져나올 수가 없습니다.

마지막은 앞에서도 소개한 '지방 부흥 협력대'의 사이트입니다. 다만 이쪽은 모집 요강이 지나치게 대략적이어서 구인 사이트로서는 '이런 지방자치단체가 모집을 하고 있구나' 정도의 참고밖에 안 됩니다. 추가 조사를 한 뒤에 응모하시기 바랍니다.

Q _ 시골에서 살고 싶은데, 지역에 융화될 수 있을지 불안합니다.

A _ 먼저, 지금까지 이야기했듯이 시골로 이주할 경우는 한 걸음 한 걸음 나아가는 것이 중요합니다. 단번에 시골로 가면 이방인 취급을 받으며 배척당할 것입니다. 자칫하면 우울증에 걸릴 수도 있습니다.

다만 이 질문을 하신 분은 그런 점을 이미 알고 있는 상태에서 '신중하게 이주를 진행했는데 그래도 융화되지 못하면 어떡하지?' 라고 걱정하시는 듯한 기분이 듭니다. 그럴 경우는 다른 지역으로 가면 그만입니다. 네, 안 맞으면 어쩔 수가 없습니다. 이것은 회사와 마찬가지입니다. 취직을 해서 일하기 전까지는 알 수 없습니다. 동료들과 관계가 나쁠 때는 다른 회사로 옮기면 그만입니다.

저는 여러분이 '이주'라는 행위를 너무 깊게 생각한다고 느낄 때가 있습니다. '여기에서 뼈를 묻어야 해!' 같은 강박관념에 사로잡혀 있는 분도 계시고, 실제로 그 지역 사람들에게 그런 요구를 받는 경우도 있을지 모릅니다. 하지만 여러분의 인생은 여러분의 것입니다. 싫으면 하루라도 빨리 빠져나오십시오. 그러는 편이 그 지역을 위해서도 좋습니다.

쓸데없이 참을 필요는 없습니다. 스스로가 만족할 만한 장소를 찾도록 끊임없이 노력하십시오.

Q _ 도쿄에서 인생을 소모하고 있습니다. 지방으로 이주하고 싶은데, 무엇부터 시작해야 할까요?

A _ 일단은 장기 휴가를 이용해 '이주 체험 시설'에서 묵어 보는 것이 좋습니다. 연휴에는 방이 없을 때가 많지만, 일찍 예약한다면 이용할 수 있을 것입니다.

이때 단순한 여행으로 끝내기에는 아까우니 행정기관이나 민간 이주 상담 창구에 가서 미리 상담을 받아 보시기 바랍니다. 주변에 수소문해 친구의 친구가 살고 있다면 그 사람의 이야기도 들어 보십시오. 다만 일반인에게 이야기를 들으면 "여기는 일자리가 없어요" 같은 비관적인 이야기만 나옵니다. 그러니 긍정적으로 지역을 볼 수 있는 창업가가 있다면 그 사람의 이야기를 꼭 들어 보시기 바랍니다.

이주지 선택은 결국 '사람'을 기준으로 선택하는 것이 최고라고 생각합니다. 회사를 고를 때와 마찬가지입니다. 함께 일하고 지내기에 좋은 사람들이 있는 지역을 선택한다면 후회하실 일은 없을 겁니다.

Q _ 이케다 씨는 왜 고치 현 레이호쿠 지역을 선택하셨나요?

A _ 앞의 질문과 관계가 있는 이야기인데, 간단히 말하면 '사람의 매력'입니다. 그래서 글로 표현하기가 참 어렵습니다. 이곳은 지금 이주자들이 속속 모여들고 있습니다. 무엇인가 커다란 산업 개발 호재 같은 것이 있지도 않은데 지역의 매력과 사람의 매력이

결합해 자석처럼 사람들을 끌어들이고 있는 것이지요. 세금 수입이나 인구 등 기초적인 데이터를 보면 비관적이 되어도 이상하지 않은 지역이지만, 신기하게도 다들 긍정적이고 즐겁게 살고 있는 것처럼 보입니다. 깡촌임에도 왠지 밝은 분위기가 감돕니다. 시험 주택이 있으니 실제로 와서 느껴 보시기 바랍니다.

경험상 재미있는 사람이 모여 있는 장소에는 더 재미있는 사람이 모여듭니다. 이곳 레이호쿠 지역은 앞으로도 다양한 분야에서 재미있는 사람들이 모여들 것입니다. 그 가능성이 기대되어 이곳에서 아이를 키우기로 결심했습니다. 다른 지역에도 거점 거주지를 두는 것은 고려하고 있지만 적어도 20년은 이곳을 바탕으로 활동할 생각입니다.

시골 빈집에서 행복을 찾다

초판 1쇄 인쇄	2016년 11월 30일
초판 1쇄 발행	2016년 12월 10일

지은이	이케다 하야토
옮긴이	김정환
펴낸이	정상우

편집	여혜영
디자인	채홍디자인
일러스트	최광렬
인쇄 · 제본	두성 P&L
용지	진영지업사(주)

펴낸곳	라이팅하우스
출판신고	제2014-000184호(2012년 5월 23일)
주소	서울시 마포구 월드컵북로 400 문화콘텐츠센터 5층 10호
주문전화	070-7542-8070
팩스	0505-116-8965
이메일	book@writinghouse.co.kr
홈페이지	www.writinghouse.co.kr

한국어 출판권 ⓒ 라이팅하우스, 2016
ISBN 978-89-98075-35-4 03330